学校の常識は
世間の非常識？

子どもを伸ばす教師の戦略

石田勝紀 著

明治図書

　「教員向けの本を執筆してほしい」こういうご依頼から，本書は出来上がりました。私はこれまで保護者向け（特にママさん）の本を年数冊ずつ出してきましたが，教師向けの本は初めてとなります。そこで，この本をご覧頂いている方と私は初対面であると思いますので，はじめに私がどんな人間なのかについてお話ししておきましょう。

　私は20歳で起業しました。大学1年の時です。学習塾を作りました。これが1989年（平成元年）4月です。塾では，これまで直接指導してきた子どもたちの数は小中高合わせて3,500人以上となります。一人あたり一年間指導しているため，3,500年分の人生ドラマを見てきたことになります。

　教師も同様だと思いますが，そのような指導の中で「勉強ができる子とできない子の習慣」がわかってきました。勉強ができない子にはある共通した習慣があり，その逆の習慣を作ってしまえば，学力は向上するという理屈で学力を引き上げてきました。そのようなアプローチで成績を100％上げていくわけですが，100％はあり得ないと思われるかもしれません。「なぜ，100％上げたと言えるのか？」という問いには次のように答えることができます。それは「成績が上がるまで教えたから」なのです。

　そもそも学力を上げるために保護者は月謝を払っている

と私は考えていたため，成績を上げない塾は"詐欺"であると思っていたのです。その結果，ただ授業をコマとしてこなしていれば良いだけの場合には気づかない，様々なことがわかってきました。絶対的に学力を引き上げるためには，前提条件として「心の状態」を変えなければならない（つまり興味関心が出ている状態にする）ことや，問いかける言葉の種類によって，人が育つか育たないかが決まることがわかったのです。

　35歳の時には東京の私立学校の経営者（常務理事）として学校改革に取り組みました。そこで得たこと，それは教師がとても崇高な仕事をしているにもかかわらず，尊敬されるような立場ではなく，また仕事量は尋常ではないほど多いということでした。そのため，教師としての矜持，教師としての本来あるべき仕事を明確にし，日々，教員が生き生きと学校に赴くことができたら，結果として子どもたちが変わり，そして未来が変わっていくだろうと思い，改革を行っていきました。

　しかし，一方で，学校教育の謎もありました。「昔からやっているから」という理由だけで，効果を検証することもなく，今も継続してしまっていることがたくさんあります。これはなにも学校の世界に限定される話ではありません。企業でも起こっている現象の一つです。一人ひとりは問題を自覚できていても，組織，集団になると動けなくなるというのは，古今東西問わず，あらゆるところで起こっ

ている現象なのでしょう。だからといって，そのままで良いわけではありません。変えなければならないことは変え，変えてはならないことは変えないという「温故知新」の発想が必要であると考え，学校改革を行っていきました。最終的に学校が変わったのは，私が変えたというよりは，現場の教師たちが自ら企画し，実行し，成果をあげていったためです。確かにきっかけは私が作ったかもしれませんが，実働で変えていったのは教師たちだったのです。さすが教師たちです。ただこれまで「変わるきっかけ」がなかっただけのことだったのです。

　その後私は，長年，教育事業に携わりながらも教育を学問として学んでいないことに気づき，学校の近くにあった東京大学大学院教育学研究科に入学し，修士課程，博士課程に在籍しました。そこには，多くの見識とデータ，そして何よりも優秀な教授陣と学生がいます。非常に多くの東京大学の学生と出会い，教師と出会い，話し合い，学び合いました。東大生がどのような思考プロセスを持っているのか，どのような家庭で育ったのか，このようなことも私の個人的関心ごととしてヒアリング調査もしていました。そこからわかったことを，一般化しルール化していきました。その代表的なルールが，「東大生のような頭脳のスペックを手に入れる方法」というものです。もちろん，これは学力の世界においての話であり，人生や生き方について「東大＝高学歴＝幸福」という方程式が成り立つわけでは

ありません。幸せに生きていくためには，学力より重要な要素が別にありますが，学力に限ったことでいえば，21世紀型能力が要求される時代であっても，東大生が持っている頭脳のスペックと育った家庭環境は非常に参考になるのです。本書では，この東大生のようなハイスペックな頭脳を持つ人がどのような思考プロセスを持っているのかについて一つの章を割いて記述していますが，そちらをご覧頂くと，20世紀型の教育でも21世紀型の教育でも通用する頭脳の謎がわかると思います。

　その後，私に転機がやってきます。それは，2015年から東洋経済オンラインの執筆を始めたことです。4年間で127本が掲載されました（2020年1月）。記事は全て「ママさんからの子育ての相談に回答する形」になっています。実際は，ママさんだけが読んでいるわけではなく，学校の教師や，ビジネスマンの方々にも読まれ，校長先生からは学校便りにも引用しましたという報告も多数頂いており，全国各地の教育現場で使用されているようです。そのようなこともあり，記事の累計アクセス数が8,100万を超えました。この数字の単位に私は驚きを隠せませんでした。紙媒体で8,100万は通常ではあり得ません。しかも4年間という短期です。これは私の記事が優れているという意味ではなく，東洋経済オンラインというオンライン媒体の拡散力への驚きです。これがデジタルの世界であり，21世紀なのです。統計データを見るとすぐにわかりますが，もはや，

紙によるメディアの時代が後退しつつあることは否めない事実でしょう。

　このようなオンライン記事を書いている中で，直接，保護者（多くは母親）に集まって頂き，座談会のようなことをやろうと思い，企画したのが，「Mama Café」というコミュニティです。東洋経済オンラインを書き始めてから１年後に始めましたが，今では毎年100回以上行い，私以外の方が開催できる「Mama Café 認定ファシリテーター資格制度」を作り，200人以上の認定ファシリテーターが全国で活躍され，ママコミュニティを展開しています。

　この Mama Café を通じて，私は毎年延べ1,500人のママさんと直接 Q & A を行ってきました。そのため，全国のママさんたちが何で悩んでいるのかということがつぶさにわかる立場にあります。そして，それを記事や本，ブログという形で全国の同じような悩みを持つ方に向けて発信しています。

　Mama Café の回数を重ねるに従って，Mama Café は21世紀のあり方に適合したスタイルであったことが後からわかりました。それは「コミュニティ」というスタイルです。実は，コミュニティに参加することによって，孤立しがちな現代社会人は，本来の自分のあるべき姿を取り戻していくことができます。

　子どもの教育に関していえば，孤立しがちなのは，ママさんと，そしてもう一人，学校の教師ではないかと思って

います。厳しい環境の中で激務をこなしている方々に必要なのは，コミュニティでないかと考えているのです。そこでは，多くの悩みの共有もそうですが，「楽しい，面白い，ライト，ワクワク，質の高い学び」というスタイルが展開されています。何事も一人では限界があります。このようなコミュニティに参加することは21世紀においては当たり前のようになっていくことでしょう。

　以上のように，私は，20歳の起業から，小中高生の子どもたちの指導，学校経営，オンライン記事および「Mama Café」という３つの場を通じて，多くのことを学びました。

　そこから得られた原理，ノウハウ，指導法，思考法がたくさんありました。その中でも，指導する立場にある方々への内容に限定し，本書で記述しました。もちろん，100％という状態が世の中に存在しない以上，これらの方法も成果を100％保証するものではありません。しかし，何かしらの変化は生まれるのではないかと思っています。よろしければ，本書から何か一つでも参考として頂ければ幸いです。

石田勝紀

CONTENTS

第3章　自己肯定感を引き上げるマジックワード

第4章　学校"常識"の謎　PART 1
～覚え方を知らない，勉強方法を知らない子どもたち

第5章 学校"常識"の謎 PART2
~子どもたちの心の状態から組み立てる授業だろうか

▶▶▶▶▶▶▶▶▶▶▶▶▶▶▶▶▶▶▶▶▶▶▶▶

21世紀型教育・教師の戦略
~子どもへの指導，対応が大きく変わる

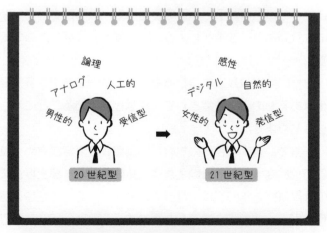

20世紀と21世紀で何が違い，教育はどうあるべきか

1

「20世紀型」と大きく異なる
「21世紀型」の価値観

「20世紀型」から「21世紀型」へ

　教師の仕事はとても大変です。私はかつて東京の中高一貫校の私立学校の常務理事として経営をしていたことがあります。毎日，教師の仕事を見ていましたが，学級経営，生徒指導，テスト問題作成，面談，学校行事，入試活動，そして教師によっては運動部の部活動の顧問と，なんでもこなさなければならないその姿をみて，教師が少しでも楽になれるように改革をしようという気持ちになったものです。

　昨今の学校教員にまつわる働き方改革の動きで，多少変化はあるものの，依然として大変な仕事であることに変わりはありません。

　一方で，教師の世界にも新しい価値観の変容が求められる時代になってきたといえます。私は現在，一部上場企業の社員研修を年50回以上行っていますが，そこで感じる時代のギャップ感が企業でもあります。それは，「20世紀型」と「21世紀型」との差異です。簡単にいえば，20世紀型の企業は没落しつつあり，21世紀型の企業は毎年伸び続けて

いるということです。

　学校でも同じことがいえます。特に私学でそれが顕著です。20世紀型でもやっていける学校は，一部のブランド学校のみで，大半は，21世紀型へと転換していかなければ，淘汰されてしまいます。公立学校の場合は，21世紀型へと転換することがこれまで遅々としてできませんでしたが，2020年から大きく変えるということで，21世紀型になりつつあります。

「20世紀型」と「21世紀型」の違いとキーワード

　ここで「20世紀型」と「21世紀型」との違いについて述べておきましょう。これらはいずれも時代のキーワードになります。

「20世紀型」キーワード
論理，収束，反省，PDCA，知識基盤社会，ピラミッド型組織，男性型，人工的，気合い，根性，努力，集団性，受信型，偏差値型，ローカル，アナログ

「21世紀型」キーワード
感性，発想力，発散，振り返り，ネットワーク型組織，コミュニティ，女性型，クリエイティブ，デザイン，自然的，楽しい，ワクワク感，面白い，ゆるい，個性，発信型，価値型，グローバル，デジタル

企業運営も学校経営も，教育，生き方も，このキーワードに沿っていれば成功するといわれています。ただし，ここで注意しなければならないことは，20世紀型のキーワードが悪いわけではないということです。悪いのではなく，「古い」というだけの話です。また，完全に21世紀型のキーワードだけをやれば良いというものでもありません。問題なのは，20世紀型キーワードだけで経営や教育を進めていることなのです。

　20世紀型を基本としていても，21世紀型のキーワードをいくつか取り入れるだけで，全く異なる世界が広がっていくということなのです。

　これらのキーワードをご覧頂ければおわかりだと思いますが，20世紀型と21世紀型で，ほぼ真逆の言葉が並んでいます。現在の価値観はかつての昭和的価値観と異なるどころか真逆と思って良いでしょう。このように価値観がひっくり返ってしまった背景に「テクノロジーの進展」があります。なぜこのような話をここでしているかといいますと，教育もこの新しい価値観に沿って変容してきているからです。このマクロ的な背景を知らなければ，目先の子どもたちへの指導も空回りで終わる可能性があるためです。

価値観の多様化は必然

　例えば，2008年の iPhone 誕生が大きな変革の起点であると私は考えていますが，そこから何が変わってきたかといいますと，成人している人ほぼ全員が１人１台のスマートフォンを持ち，高校生，中学生までも大半がスマートフォンを持つ時代となったということです。しかも世界的規模でこの状況が展開されています。これによって世界の流れは大きく変わりました。

　１つは，「受信型」から「発信型」へと変わったことです。これまで人々，特に昭和型の人々は，テレビ，新聞で情報を得ることに慣れていました。その時代は，そのようなメディアを通じて，一斉に同じような情報を“受け取り”，同じような考え方ができる人を是として，異なった考え方をする人を異分子として認識する傾向にありました。しかし，現在は，新聞を読むのではなく，自分で気になる情報を“取りにいく”時代です。また，テレビよりもYoutube で見たい動画を見たり，TVer というアプリなどで過去１週間の好きな番組を無料で見たりするようになりました。その結果どのような状況が生まれるかといいますと，「単一的な価値観」から「多様な価値観」へと変容したということなのです。この状況は，年齢が下がれば下がるほど顕著です。

　つまり，今の子どもたちの価値観が多様化するというの

は必然的に起こっている事実であり，単一的価値観を尊重してきた昭和型の人からすれば，それこそ青天の霹靂なのです。親子の問題や教師と子どもたちの問題の根底には，このような価値観のギャップが大きく目立つようになってきたことがあるのです。時代がただ変わったというだけではなく，そこにテクノロジーの急速な進展が加味することで，もともと多様であった人々の価値観が顕在化したということです。そして，この展開は，ますます加速していきます。

学校現場におけるギャップ

　学校教育においてもこのギャップが顕著となっています。
　学校教育では，これまで講義形式が中心の一斉授業でした。1クラス40人という場ではそれが効率的であり，情報伝達をする上では，合理的でした。そのような場で多様な価値観を認めていくと，収拾がつかなくなります。しかし，もともと多様な価値観を持ち合わせる子どもたちに，画一的な指導をすること自体無理があったのですが，昨今は特に，時代の変化とともに，教育システムが立ち行かなくなったといっても過言ではありません。様々な部分でほころびが出てきているでしょう。不登校の子どもの増加はもはや現在の教育システムが破綻しているといっても良いかと思います。
　教師一人で30人，40人の子どもたち一人ひとりの面倒を

みることは事実上不可能であると考えています。私の研究テーマである国際バカロレアでは1クラス25人というように上限が決まっていますが，せいぜい統制範囲の原則からいえば，20〜25人程度です。つまり，教育が立ち行かなくなっている根本的問題は，教師ではなく，教育システムにあると私は考えています。

　しかし，そのようなシステムは即変更できるものではありません。文句をいっても建設的ではないでしょう。となると，教師にできること，それは次の3つになると思います。

・マクロ的世界の動きを把握すること

・多様な価値観を認めていくこと

・与えられた環境で最高の教育を提供するスキルを知ること

マクロ的世界の動きを把握する

求められる人材像の変化

　はじめに，次のデータをご覧ください。世界の時価総額の高い企業のランキングです。上位はどのような企業群で占められているでしょうか。よく目にする企業名ばかりです。

【2019年７月の世界の大企業時価総額ランキング】（１ドル＝106円計算）

第１位　Microsoft（米）　　110兆円

第２位　Apple（米）　　101兆円

第３位　Amazon（米）　　98兆円

第４位　Alphabet（Google）（米）　　89兆円

第５位　Facebook（米）　　58兆円

第６位　バークシャー・ハサウェイ（米）　　53兆円

第７位　テンセント・ホールディングス（中国）　　48兆円

第８位　アリババ（中国）　　47兆円

　日本は，44位のトヨタ自動車（19兆円）が50位以内で１社のみです。

ここからわかることは，お金を持っている企業群が求める人材像がその時代のグローバルスタンダードになるということなのです。

　20年前，30年前は銀行などの金融機関やオイルカンパニーが上位を支配していました。そのときはそのような企業群が求める人材がもっともトレンドを作っていました。

　その時代時代に応じて，求められる人材像が変わるということは，どういうことを意味するでしょうか。それは，「教育方針」が変わるということなのです。では現在はどのような人間が求められ，そのような人物を作るために，教育はどうするのでしょうか。

　文部科学省が発表している21世紀型能力。それは，「基礎力」「思考力」「実践力」の３つで構成されていますが，その内容を見てみると，先ほどの時価総額の高い企業群が求める人材像と一致します。全員が同じ作業をして，全員が同じ答えを出すように育てていくことも必要でしょうが，それだけではもはや今の時代はやっていけないということを物語っています。

21世紀型能力

実践力
・自律的活動力
・人間関係形成力
・社会参画力
・持続可能な未来づくりへの責任

思考力
・問題解決・発見力・創造力
・論理的・批判的思考力
・メタ認知・適応的学習力

基礎力
・言語スキル
・数量スキル
・情報スキル

教育の目的は何か

教育とは「自立と協調」を合わせ持った人物をつくること

　これまで述べてきたように，教育も時代の大きな渦の中で変化をしてきています。しかし，一方で，時代が変わっても変わらない要素があるはずです。教育方法やスキルは変わっても，揺るがないこともあるはずです。その一つ，「教育の目的」について考えておかなければなりません。

　お恥ずかしながら，私は20歳で起業し，20年以上経った40歳過ぎまで「教育の目的」についてはっきりとわからずにいました。教育と一口にいっても，家庭教育，学校教育，社会人教育など，様々あります。しかし全体の「教育」に共通した目的があるはずで，なんとなくぼんやりと理解できるものの，明確にはわかりませんでした。「教育とは何のためにあるのか？」この素朴な疑問に対して明確に答えられる人はいるでしょうか。実は，この質問を多くの教育関係者に質問してきましたが，皆さん歯切れが悪いのです。大学の教授にも質問してみました。高校，中学の教師にも

質問してきました。しかし，皆さんなんとなくお茶を濁した表現をしています。もちろん，教育の目的をしっかりと自覚し，明確に回答できる人もいるでしょうが，多くの教育関係者が漠然とした思いしか持っていないというのが実情ではないでしょうか。

　教育基本法の第１条に「教育の目的」が書いてあります。そこには「教育は，人格の完成を目指し，平和で民主的な国家及び社会の形成者として必要な資質を備えた心身ともに健康な国民の育成を期して行われなければならない。」とあります。ようするに「人格の完成」なのです。しかし，この言葉もいまいちピンときません。第２条には「教育の目標」が書いてありますが，総花的で何でもできる完成された人物のように表現され，これも現実的によくわかりません。

　つまり，明確性，納得性が得られないまま，理念が一人歩きしている感じです。教育はもともと哲学から派生しているため，哲学者，特にドイツの哲学者を調べてみると，様々に納得のいくことが書いてあります。そこでわかったこと。それは次のことです。

> 教育とは「自立と協調」を合わせ持った人物をつくること

　この「自立と協調」という言葉は，よく学校の校是として書かれている言葉だったりします。これを真に理解するには，それぞれの対義語を考えればわかります。「自立」の言葉の対義語は「依存」です。つまり，依存心の強い人

間をつくってしまったら，教育は失敗ということになります。「協調」の対義語は「エゴ（自己中心主義）」です。つまり，自分中心的に自分のことしか考えられない人間をつくってしまったら，それは教育の失敗ということになります。依存とエゴ，果たしてこれまでの教育はうまくいっていたのでしょうか。

　自立できる人とは，自分の長所や良さを知り，それを伸ばしていける人のこと。協調できる人は，自分の軸を持ち，他の価値観を認めていける人のこと。このような人物をつくることができれば，教育は成功したといえると私は考えています。

　もちろん，この定義に共感を得る方もいらっしゃると思いますが，一方で，独自の教育観を持たれる方もいることでしょう。しかし教育基本法第1条に書いてあるようなことをするためには，私は「自立と協調を合わせ持つ」人物にすればよいと考えています。重要なことは，教育者は自分なりに納得のいく「教育の目的」を持つ方が良いのではないかということです。そうすることで，日々の教育活動にブレが生じにくくなると思います。「果たしてこの指導は，子どもの自立につながるのだろうか？」「この活動は協調性につながるのだろうか？」と問うことで判断する際の軸にすることができます。

第1章まとめ

 価値観の多様化に対応した教育を！

①受信型から発信型に変化！

②「単一的な価値観」から「多様な価値観」へ。

③親子の問題や教師と子どもたちの問題の根底には，この価値観のギャップが一因としてある。

 21世紀型教育で教師にできることは？

①マクロ的世界の動きを把握すること。

②多様な価値観を認めていくこと。

③与えられた環境で最高の教育を提供するスキルを知ること。

 これから求められる人材・教育の目的とは？

①21世紀型能力＝「基礎力」「思考力」「実践力」の３つ。

②教育とは「自立と協調」を合わせ持った人物をつくること。

③教育者は自分なりに納得のいく「教育の目的」を持つ方が良い。

第2章

▶▶▶▶▶▶▶▶▶▶▶▶▶▶▶▶▶▶▶▶▶

時代を超えた教育
＝OSのスペックを引き上げる

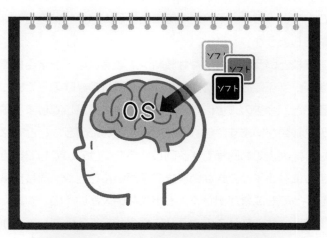

頭脳のスペックを引き上げる方法とは？

時代を超えた教育，これは厳かな表現をしていますが，ようするにいつの時代においても通用する教育という意味です。教育と一口にいっても幅が広いため，ここでは頭脳に関する時代を超えた教育について1つの章を割いていきます。なぜなら，このテーマは学校教育に携わる方にはもっとも知っておいてほしい概念だからです。

　世の中には "賢い人" というのがいます。一般的には偏差値が高い子や高学歴の人を指す場合もありますが，学歴とは関係なく，いわゆるあの人は「賢い」という人もいるでしょう。これは年齢とも関係なく，どちらかというと「地頭（じあたま）」が良いと表現されることもあるようです。しかし，その地頭の正体とは何か，賢いとはどういうことをいうのか，それが明確に語れる人は少ないのではないでしょうか。

　学校という場は，様々な教科や人間関係などを学ぶ場ですが，学ぶにあたって，ただの1回限りの経験のみで終わる子と，今後の人生に応用できる経験に昇華してしまう子の2種類がいます。これはなにも子どもに限ったことではなく，大人でも同様です。同じ授業を受けていてもできるようになる子とできないままの子がいることや，同じ仕事をやっても成果が出せる人と出せない人がいるのです。

　では一体，なぜこのような二極化が起こるのでしょうか。ある概念を理解しないと，その謎は解けません。

　この謎については，本章では，OSとソフトという言葉

を使って説明していきます。このOS，ソフトという言葉はテクノロジーの世界では当たり前に使っており，特に最近では，一般の人もスマートフォンを持つようになり，OSという言葉の意味がわかるようになってきました。ではこの，「OSとは何か？」ということを最初にお話ししましょう。

1

OS とソフトの不一致による
学力低下現象

OS とソフトの不一致

OS とはオペレーティング・システムの略で，パソコン用語です。

パソコンには OS とソフトの２つが入っています。OS とは，Windows や Mac OS のようなものです。スマートフォン（iOS とか Android）にも入っています。またソフトとは，Word，Excel などを指します。スマートフォンの場合はソフトにあたるものをアプリといいます。そこで，次のようなことを考えてみてください。

例えば，Windows という OS が初めて世に出たのは1995年です。その OS の名称は Windows95といいます。その初期版のスペックの OS に，ワープロソフトの「Word2019」という新しいソフトをインストールすることはできるでしょうか。

それは不可能です。仮に，インストールできたとしても，すぐにフリーズ（固まって動かない状態）することでしょう。しかし，最新版の OS である Windows10であれば，

ほとんどのソフトのインストールが可能で，サクサクと動くことは容易に想像できます。

　実は人間の頭脳もこれに例えてお話ができます。もともとパソコンは人間の頭脳を模写して作られたといわれており，脳の話となると難しくなりますが，パソコンを例に人間の頭脳について考えていくと理解できるようになります。

　人間の頭脳にもパソコンの OS にあたるものとソフトにあたるものがあると考えてください。一般的に OS にあたるものは「地頭（じあたま）」といわれます。一方で，ソフトとは何でしょうか。子どもの場合，ソフトにあたるのは，英数国理社といった科目にあたります。つまり，OS ＝地頭，ソフト＝科目と捉えてみます。

　しかし，ここで次のような問題が起こります。

OS のバージョンが高い子はどのようなソフト（科目）もインストールできるが，OS のバージョンが低い子はインストールできないか，フリーズを起こしてしまう

　小学校の内容まで対応可能な OS を搭載していれば，小学校時代は問題ありませんが，中学校の内容ではフリーズします。

　中学校の内容まで対応可能な OS を搭載していれば，中学校時代は問題ありませんが，高校に入ると内容につい

ていけない状態，つまりフリーズをするのです。

　インストールするソフトのバージョンに対応可能な OS
であればフリーズは起こしません。しかし，勉強でつまず
いている子どもは，その子の頭脳の OS バージョン以上
のソフトに対応できていない状態にあるといえるのです。

バージョンが上がる子，上がらない子

　さらに，科目という名のソフトのインストールは小3算
数，小4算数といったように，毎年バージョンアップさせ
ていきます。頭脳の OS も自然と年々アップグレードは
していきますが，Ver. 1 → Ver. 2と上がる子どももいれ
ば，Ver1 → Ver1.1であったり，Ver1 → Ver1.01であっ
たりする子もいます。つまり，マイナーチェンジだけの子
どもと，フルモデルチェンジしながらバージョンを上げて
いく子どもがいるということなのです。

　しかし，学校教育では，科目の出来，不出来といったソ
フト側にばかり目がいきます。そしてそれを何とかインス
トールさせようと強制的に勉強をやらせたり，テストした
りと様々な手段をとります。しかし，OS のバージョンが
上がっていないのに，ソフトばかり詰め込んでも何も変化
は起こらないのです。

ここまでのお話をまとめるとこういうことです。

> 子どもの頭脳は OS とソフトに分解して説明ができ，
> OS のスペックとソフトのバージョンが不一致である
> 子がたくさんいる

　さらに先に話を進めていきましょう。パソコンは購入すると OS が決まったバージョンで出荷されます。そしてメーカーが OS のバージョンアップを「アップグレード」という形でその後提供してくれます。それによって，購入したときよりも OS のバージョンを上げることができます。

　では，人間の場合はどうでしょうか？

　パソコンが出荷段階で OS が決まっているように，人間も“出荷段階”で OS が決まっていると考えて良いでしょう。人間の場合の出荷段階とは「生まれたとき」です。つまり，人間も，どのバージョンを搭載しているかは生まれた段階で決まっているのではないかということです。OS を知能指数（IQ）と置き換えた場合（OS と IQ は厳密には異なりますが）で考えると，生まれつき異なっていることは調査結果にも出ているため，イメージとしては理解できると思います。

　３歳ぐらいですでに何でもこなす子どもがいたり，将棋

のプロ級など，どう考えても，生まれてからの教育だけの力で伸びたとは思えない子がいることは記憶に新しいことでしょう。ようするに，人の OS は生まれつき異なっており，さらにその後のバージョンアップも異なっていると考えると，なぜ同じ勉強，同じ経験をしていて差がつくのか，その理由が納得できます。

　しかし，この OS は頭脳のレベルを規定するものではありますが，次の2つのことを忘れてはいけません。それは

　・OS のバージョンが高いか低いかは，人生の幸せとはなんら関係がない
　・OS のバージョンは後々上げることができる

　ということです。

OS のバージョンが高いか低いかは，人生の幸せとはなんら関係がない

　OS のバージョンが高いと，何でもこなすことができるため，一見楽しい人生を送れるのではないかと思われるかもしれません。もちろん，そういう人もいますが，決してそうではないのです。人生を幸せに生きることができる人は，「人を大切にする人」であって，決して偏差値が高い人でもなく，OS のバージョンが高い人ではないのです

（誤解がないように解説しておきますと，偏差値が高い人，OS のバージョンが高い人は幸せではないという意味ではありません。そうであるからといって幸せであるとは限らないという意味です）。

　しかし，OS のバージョンが高いと，少なくとも学校の勉強はできる子どもになります。学校の勉強ができると小１〜高３までの12年間を楽しく過ごせる可能性は圧倒的に高くなります。自己肯定感も高くなります。そのようなこともあって，私は，この OS を高めるための方法について教えていますし，実際に子どもたちに勉強を指導するときはこの OS を引き上げてからソフト（各科目）を教えるということをやってきました。

OS のバージョンは後々上げることができる

　OS は生まれつきどのバージョンであるか決まっていると書きましたが，実は，後々このバージョンは上がっていきます。例えば，皆さんは大人です。その大人が，今，幼稚園の園児として３歳，４歳の子と一緒に仲間として，お遊戯したり一緒に遊んだりするとします。おそらく簡単すぎて，バカバカしすぎて飽き飽きすることでしょう。それは，OS のバージョンが幼稚園のときから上がっているからなのです。ですから人間の，生まれてから情報を処理したり，考えたりする能力は勝手に上がっていくものなのです。

幼稚園の話まで極端な例でなくとも，例えば一般的な大人が高校入試の国語の問題文を読めば，中3のときの自分よりも読めるであろうし，答えられるということもあります。かつて，Mama Café プライム（私が主催するママさん向け会員制勉強会）で大学入試センター試験の国語の問題を扱ったことがあります。問題を見たとき，ママさんたちは青ざめていましたが，皆さん解けていました。ということは高校時代よりもスペックが上がっていると考えて良いのではないでしょうか。

　このように，放っておいても人間は OS のスペックが上がっていくものですが，小中高の段階で，そのスペックを自然なバージョンアップよりも大きく引き上げる方法があるのです。

2

OS の正体

「考える」ってどういうこと？

OS は地頭であると先ほど書きましたが，この地頭という言葉も何となくはわかりますが，はっきり何と答えることは難しいのではないでしょうか。この OS の正体をわかりやすく表現すると，「考える力」のことです。しかし，この「考える」という言葉がまた曲者で，これもよくわかっていないことが少なくありません。

「しっかり考えなさい！」「考えればわかるよ」「ちゃんと考えないからそうなるんでしょ」「みんなで考えてみよう！」と，これまで数々の学校教育場面で使われてきた言葉でしょう。では，「考える」とは具体的にどういうことをいうのでしょうか。

これがわかると「頭脳の器」は大きくなります。そんなに大切な「考える」という言葉でありながら，普段，それこそ"考えず"に使っているのです。したがって，子どもたちも，「考える」の意味がわかっていないのです。「考えています」といっても，実はそれは考えているのではなく，ただ「悩んでいる」だけだったりするのです。

そのような状態が続くため，子どもはよく理解できず，そのままフリーズを起こしてしまうのです。そしてフリーズしているときに「ちゃんと考えてない」といわれたりすれば，それこそ再起不能になりかねません。

　ですから，この「考える」ということがどういうことなのかを知っておく必要があるのです。生まれつき頭脳のOSのスペックが高い子は，自然とこの「考える」ことをしているため，何の問題もなく，勉強をこなしていきます。勉強だけでなく，音楽も図工も体育も同様にできるようになるのです。ですから，この「考える」ことがどういうことなのかがわかってしまえば，後々楽しい学びがやってくるわけです。

　では，「考える」とは何かについてご説明します。「考える」とは次の2つのことをしているときに「考える」状態になっているといいます。

・疑問を持つ
・まとめる

　これ以外の状態でも「考える」モードに入ることはできます。しかし，学校教育の指導における場で活用できる手段としてこの2つにまとめています。

3

疑問を持つ

「なぜ？」と考える習慣を持つ

　疑問を持つとは具体的な言葉でいえば「なぜ？」という言葉です。基本的に学校教育では，「何？」「どこ？」「誰？」「いつ？」「（選択肢問題に代表されるように）どっち？」が多いものです。国語で，「筆者はなぜそのように言っているのですか？」という問いでは「なぜ」が使われていますが，これは基本的に文章中に書いてあることをアレンジして書けばできることも多く，真の意味での「なぜ」という問いにはなっていません。

　例えば，皆さんは「家の住所はどこですか？」と問われれば答えられます。これを知識といいます。しかし，「その家になぜ住もうと思ったのですか？」と問われると「あれ，なぜだろう？」と思います。これを「考える」といいます。人は，「なぜ？」と問われると考え出すのです。普段，多くの人はこの「なぜ？」が日常生活に入っていません。パターン化された生活，いわれたことをやる生活でしょう。

しかし，OS のスペックが高い人は，日常生活においても「なぜ？」が自然と入っているのです。この「なぜ？」があるから好奇心が生まれ，記憶として定着していくのです。これまで3,500人以上の子どもたちを直接指導し，優秀なビジネスマンたちと仕事をしてきた経験から，スペックの高い子どもや人は，自然と「なぜだろう？」という疑問を持つ習慣があることがわかっています。

「問い」によって人の頭脳は動き出す

　ところが，多くの子どもたちは，幼少期にあった「なぜ？」という好奇心がいつしかなくなり，パターン化された勉強，やらねばならない勉強へと変化し，「なぜだろう？」が失われていってしまいます。「なぜ勉強しなければならないの？」と疑問を持つことがあっても，それに答えられる人がいないため，不登校になったり，勉強嫌いになったり，いわれたことをやっていれば良いという思考放棄状態になる場合もあります。

何を問うか？

　この問いによって人の頭脳は動き出します。人は問われると，問われたことに意識が向きます。逆にいえば，問われなければ，そこには意識が向かないということです。考える頭脳を作るための，最大のキーワードが「なぜ？」という問いです。

考える力を養う２つの問い

　疑問を持つとは少し異なりますが，「なぜ？」という問い以外に，ここから派生した問いがあります。それは「どう思う？」「どうしたらいい？」の２つです。この２つの問いによっても考える力は養成されます。

　「どう思う？」と問われれば，思っていることや意見をいわなくてはなりません。子どもの世界では，大人が思っている以上に，子どもの意見が尊重される場がなく，大人のいう通りにしている子が是であると考えてしまう人もいます。しかし，表現力が今後さらに重視される新しい教育では，このように意見や考えをいわせていく場がかなり重要になってくるでしょう。

　もう一つの「どうしたらいい？」という問いは，マイナス的なこと，困ったときに人が発する言葉ですが，逆に考えると，思考するための絶好のチャンスの場なのです。AI時代に突入する現代において，人間に求められる最大の能力は「創造力（クリエイティブ）」であるといわれています。人と同じことをやる人は，AIや機械がやってくれるため，人と違うことができる人，すなわち，創造的に考えられる人が重宝されると予想されていますし，私の周囲を見渡してみると，創造的な人が人生を楽しみ，自分らしさを発揮して生きています。そのような創造力を，もともと人は誰しも持っているのですが，それを開花する場が失われているため，人に依存して生きていくということに

なるのです（依存ではなく協調が望ましいことは前述した
通りです）。

マジックワード「どうしたらいいと思う？」

そこで，クリエイティブに思考できる人，考えることが
できる人になる問いかけのマジックワード「どうしたらい
いと思う？」を使ってみてください。

子どもたちは，教師に「先生，これどうしたらいいです
か？」と聞くことがあります。もちろん，即答しておしま
いということもあるでしょうが，そこで「どうしたらいい
と思う？」とおうむ返しに聞くことで，子どもは自ら考え
るようになります。それでもわからなければ，教えてあげ
れば良いでしょう。教師が教えてばかりいると，せっかく
の子どもたちの創造力を作る場を失ってしまいますので，
まずは子どもに先にいわせるということをすると良いでし
ょう。

以上をまとめると次のようになります。おわかりかもし
れませんが，問いとして使っているキーワードは英語でい
えば，「Why」「How」なのです。「What」「Who」
「When」「Where」「Which」も悪くはありません。しか
し，それは知識に関する問いであり，考えるための問いで
はないということを区別しておくと良いでしょう。

疑問を持つ

- ・なぜ？ →原因分析力
- ・どう思う？ →自己表現力
- ・どうしたらいい？ →問題解決力

まとめる（抽象度を上げる）

「考える人」になるためのアプローチ

　「考える人」というのは，疑問を持つことができる人であるというお話を進めてきましたが，もう１つ「考える人」になるためのアプローチがあります。

　それは「まとめる作業」をするというアプローチです。（※今からお話しする内容は本書の中でもっとも重要な中核部分であり，もっともお伝えしたい内容です）。

　「まとめる」という言葉を別の言葉で表現すると「抽象度を上げる」という言葉になります。これこそが，"賢い人"の正体であり，考える力を持っている人の最大の特徴といわれています。

　抽象的，具体的という言葉があります。国語の文章も会話もこの２つの混在によって成り立っていますが，多くの子どもたちはこの区別がついていません。ですから国語は文章の字ヅラだけを追うことになります。算数・数学，理科，社会も文章で書かれていますが，その意味が実はわか

っていないということが，近年の大規模読解調査でも判明し，小学生の半数が，教科書が読めていないというデータが出たという話題は記憶に新しい方もいることでしょう。

その実態については私がこれまで30年間指導してきた経験から考慮しても一致しています。何を聞かれているのか，教科書に何が書かれているのかという意味がわからないまま，授業が進められることで，そのうち，わからない気持ちすらも放棄してしまう子どもたちが少なからずいるということなのです。その結果，授業や勉強が退屈になるのは当然のことであり，やりたくなくなることも無理はないでしょう。しかし，このような現状を180度変えていく方法は確かにあるのです。もちろん，全ての子どもがそのようになるとはいい切れませんが，確度の高い方法はあります。

「まとめる力」「抽象化」とは

それでは，OSのスペックを引き上げるための2つ目の要素である「まとめる力」，すなわち「抽象化」についてお話しします。

抽象とは簡単にいえば「ざっくりいうとこういう感じ」というものであり，具体とは「はっきりとしていてわかりやすい」ものというイメージです。

わかりやすくするために，次の例をご覧ください。この例は私がいつも講演会で触れている内容です。

　例えば，山田さんがチワワを飼っていました。石川さん
もチワワを飼っていました。山田さんのチワワも石川さん
のチワワも具体的です。具体的な世界というのは比較，争
いが起こります。山田さんはこういいます。「石川さんの
チワワは耳が大きすぎない？　うちのチワワの方が断然可
愛いわ〜」と。しかし，山田さんのチワワも石川さんのチ
ワワも，「チワワ」というカテゴリーに入っています。つ
まり同じですね。

　すると今度は，内田さんのトイプードルが登場します。
すると今度はまた比較，争いが起こります。内田さんは
「チワワなんてうるさい犬よく飼うわね〜。うちのトイプ

ードルは全然吠えないし，お人形さんみたいで可愛いわ
〜」と。しかし，チワワもトイプードルも「小型犬」とい
うカテゴリーで見たら同じです。

　するとさらに，今度は木村さんのゴールデンレトリバー
が登場します。すると，また比較，争いが起こります。内
田さんは「よくあんな大きな犬飼うわね〜。餌代かかるし，
信じられない」と。しかし，トイプードルもゴールデンレ
トリバーも，「犬」というカテゴリーで見たら同じです。

　このように，「チワワ→小型犬→犬→哺乳類→脊椎動物
→動物→生物」と上がっていくことを「抽象度が上がる」
というのです。どの視点から見るかによって，判断が変わ
ってきます。

授業における見え方・感じ方の違い

　これを，算数に当てはめてみましょう。問題集で1ペー
ジに10問の問題があったとします。抽象度の低い子は，全
て10問とも別々の問題だと思っています。「これは，分数
が出ている。これは小数があって，この問題は分数と小数
があって」と。しかし，抽象度の高い子どもは，これら全
て10問の問題は"同じ"であることが見えています。ただ，
違いも認識できています。この問題は分数，この問題は小
数という表面的な形が違っているけど，やっていることは
同じであると"見えて"いるのです。

　国語に当てはめてみるとこうなります。例えば国語の説

明文。１つの段落でいいたいことは１つしかないのですが，抽象度の低い子どもは，書かれている文章の言葉が違っているし，構造が違っているから，全て違っていることが書いてあると錯覚をしています。だから字ヅラを追い，設問では答え探しが始まります。しかし，抽象度の高い子どもは，表面的な形は違っていても，いっていることは同じということが"見えて"います。

　このような見え方，感じ方は，端から見てもわかりません。ただ問題を解いている様子，文章を読んでいる様子としてしか見えないからです。しかし，実態は，全く異なります。抽象度が高い子どもは，上から物事が見えるため，ポイントを即つかんでしまいますが，そうでない子は，大変です。何しろ，全ての問題や文章が異なったものとして見えているのですから，いくら勉強しても無限にある問題と認識し，そのうちやる気という気持ちの部分がやられていくわけです。

　私は，東京大学大学院教育学研究科の修士課程，博士課程に在籍していたときに多くの現役東大生と話をしました。そのとき感じたこと，それが，彼らの抽象度の高さでした。１を聞いて10を知るというのがまさにそうで，彼らは具体的な話を聞くと，それを抽象化させて理解し，一般化していくという特質を持っています。もちろん受験勉強は相当してきたでしょうが，科目数が多く，しかもハイレベルな問題を解くには，無数の問題を全て解いていくのではなく，具体的問題から抽象化させて，ルール化する，パターン化

するということが自然とできる必要があるのです。これが
いわゆる「地頭」の正体です。

抽象的な質問から違いを認識する

　では，抽象度を引き上げるにはどうしたらいいでしょう
か。先ほど書いたように，OS＝地頭は生まれつきバージ
ョンが異なっている可能性が高く，もともとバージョンが
高い子どもは３歳にしてすでに，考える力を持っていたり
します。このような子に共通することは，３歳（話ができ
る年齢）にして，抽象的な質問をすることが，これまでの
ヒアリング調査でわかってきました。

　例えば「ママ，人間は何のために生まれてきたの？」と
いうことを聞いてきたりします。哲学的，抽象的質問です。
普通の３歳の子どもであれば，もっと具体的な質問をして
きます。例えば，「ママ，アンパンマンにでているこれの
名前は何？」のような質問です。中学受験の塾でトップク
ラスにいるような子に共通するのも，この抽象度の高さで
す。ピラミッドの上から見ているようなものなので，下が
全てわかるのです。その結果，問題を数問解いただけで，
コツをつかみ，違いも認識することができる子も存在する
というわけです。

スペックを引き上げる「マジックワード」

　では，この OS のスペックを後天的に引き上げることはできるのでしょうか。これまで私が指導してきた経験および私自身のスペックが上がった経験から，上げることは十分可能であると考えています。

　その方法として，やはり「言葉」を使います。抽象度を引き上げるためのマジックワードを使うのです。

　それは，「要するに？」というマジックワードです。人は「要するにどういうこと？」と問われると，枝葉をそぎ落として，幹だけを選択するように自然と思考が働きます。つまり，まとめるという作業を自動的に行っていくのです。

　先ほどの犬の例で考えるとわかりやすいでしょう。「チワワって要するに何？」と問われれば，「犬」となります。「犬って要するに何？」と問われれば，「哺乳類」となりますね。つまり，抽象度が上がっていくのです。

　できる子は，自分で「要するに何？」とまとめることを"勝手に"にやっているのです。文章を読んでも「要するに何？」，算数の問題でも「要するに何を聞いている？」と。通常は，このように，ざっくりとまとめることをせずに，表面的な字ヅラが気になります。表面の細かいことに気を取られていると本質を見誤るというのは有名な話です。まさにこの現象が，多くの子どもたちに起こっていることなのです。その結果，勉強は知識の記憶と捉えてしまい，

「きちんといわれたことをやる子」「記憶力の良い子」以外は，勉強は超退屈な "作業" と化すわけです。

　「要するに？」と問われることで，人は細かい部分を排除して，本質に目を向けるようになります。ですから，国語や算数といった学習では，「これってさ，要するに何の話をしているの？」という発問を時折することで，抽象度を引き上げていくことができます。引き上がっていくと，OS のバージョンが上がっていくと考えて良いでしょう。

　「要するに？」という問いかけで抽象度が上がっていきますが，同時に，具体的に，抽象度を下げるということも重要です。「例えばどういうこと？」と聞けば，抽象的なことに該当する同じ要素の例を引き出してきます。具体的事例がいえるということは，その抽象的概念がわかっているということであり，似たような例であると認識できていることを意味します。

　このように「要するに」「例えば」の２つの言葉を使うことで，抽象と具体の往復をすることができるようになります。これができる人を世の中で「賢い人」といいます。

まとめる

・要するに？　→抽象化思考力
・例えば？　　→具体化思考力

5

応用力の正体

「応用力」って何？

　最後に応用力について書いておきましょう。学校教育では基本，応用，発展というように，基本からさらにレベルが上がった問題があります。世の中には「うちの子，応用力がないんです」という人が五万といます。しかし，この応用力という言葉を，よくわかっていないで使っている場合が少なくありません。ただ単純に，難しい問題，基本の組み合わせ問題程度の認識しかしていないことがあります。実は応用力は，これまでお話しした，抽象化と関係があるのです。これが理解できないと応用力をつけることは難しいでしょう。

　これまでのお話をまとめつつ，応用力についてお話ししていきましょう。

1つ目の流れ
・具体的な事象→「要するに」というマジックワード
　を使う→抽象化

これを難しい言葉で「帰納法」といいます。昔，高校数学の数列の授業で，数学的帰納法を学びましたが，その帰納法です。簡単にいえば，「いくつかの出来事の共通点を見つけて，ルール化すること」です。

2つ目の流れ
・抽象化→「例えば」というマジックワードを使う→
　具体的事象に当てはめて考える

　これを難しい言葉で「演繹法」といいます。「A＝Bである。B＝Cである。よってA＝Cである」というのが演繹法です。別のいい方をすると，「A問題はBというルールに所属する。C問題もBというルールに所属するから，AとCは同じタイプの問題である」ということです。

　これが応用力というものです。抽象化（ルール化，コツ）されたら，それを別の現象に当てはめること，この状態を「応用力がある状態」といいます。つまり演繹法を適用している状態なのです。

　ですから，重要なことは，「要するに」で抽象化できること，つまり簡単にいえば，共通点を見いだしていくこと，コツをつかめることなのです。これが，応用力があるのかないのかの根本的な違いといえます。

一般的に応用力をつけるために，応用問題をいくらやっ
てもダメな理由はここにあります。抽象化できていないの
に，応用問題をいくらやっても，それは新たな具体的な問
題が１つ登場したことにしかなりません。

　「要するに？」「簡単にいえば？」「共通点は？」という
言葉を使っていくことで，自然と抽象化することができる
ようになります。例えば先ほどの犬の例でいえば，「チワ
ワって要するに何？」と聞かれると「犬」となり，「犬っ
て要するに何？」と聞かれれば，「哺乳類」といった具合
に，抽象度が上がっていきます。これと同じように「要す
るに」という問いかけによって上から見ることができるよ
うになるため，具体的な問題がどの部類に属すのか，共通
点は何で違いが何かということがわかり，解けるようにな
っていくのです。

第2章まとめ

OSとソフトの不一致による学力低下現象

①子どもの頭脳はOSとソフトに分解して説明ができ，OSのスペックとソフトのバージョンが不一致である子がたくさんいる。

②OSのバージョンが高いか低いかは，人生の幸せとは何ら関係がない。

③OSのバージョンは後々上げることができる。

地頭（OS）を鍛えるには？

①「考える」＝疑問を持つ・まとめる。

②「なぜ？」と考える習慣を持つことが大切。

③考える人になるために大切な「まとめる」アプローチ。

スペックを引き上げるマジックワード

①要するに？　→抽象化思考力

②例えば？　　→具体化思考力

第3章

▶▶▶▶▶▶▶▶▶▶▶▶▶▶▶▶▶▶▶▶▶▶▶

自己肯定感を引き上げる
マジックワード

教育で重要な自己肯定感を「言葉の力」で引き上げる！

子どもたちの自己肯定感が
低いのはなぜか？

「自己肯定感」は生きる上で大切なキーワード

　自己肯定感という言葉が近年あちこちで使われるように
なりました。自己肯定感とは「自分は大切な人間，重要な
人間であると感じる気持ち」のことですが，もっと簡単に
いってしまえば，「自分は"いけてる"人間と思える状態」
といっても良いでしょう。

　なぜ，この本で，「自己肯定感」について語る必要があ
るかといえば，人が生きる上で最も重要なキーワードであ
ると思っているからです。しかし，それを阻むのが「勉
強」であったりするのです。

　私は，中学生，高校生に対して講演会を行う機会がたく
さんあるのですが，そのときに感じること，それは「子ど
もたちの自己肯定感が極めて低い」ということです。小学
生，中学生，高校生になるにしたがって，徐々に自己肯定
感が下がっていくことを感じます。なぜ，このようになっ
ていくのでしょうか。

　小学校時代は，多くの子どもたちは公立小学校に通いま

す。そこでは，頭の良い子もそうではない子も一緒に活動します。クラスの中であの子はできる，あの子はできないということは暗黙の了解でわかってはいても，平等意識が根底にあるため，子どもたちの間における差異の認識はそれほど高くはありません。

　その後，中学に進学しますが，大半の子どもたちは公立中学に進学します。小学校と違って，定期テストがあり，また成績表が数字で出されていきます。しかし，学級活動や部活動，学校イベントなど，まだ平等意識に基づいて活動しています。しかし，高校に進学するにあたり多くの子どもたちは，受験をします。さらに，高校には偏差値ランキングがあり，「トップ校」「準トップ校」「底辺校」などと呼ばれたりします。高校に別の称号がつけられていくのです。ここで"カースト制度"が始まっていきます。

学力によって人間として評価してしまう弊害

　例えば次のようなお話をしたらいかがでしょうか。

　自分が会ったことのない子どもの話を噂話として聞いたとしましょう。「〇〇さん家の子，トップ校に合格したらしいよ」この言葉を聞いてどう思うでしょうか。学力が高いというイメージを持つのは当然ですが，人間性も良いような印象を受けませんか。また逆に，「〇〇さん家の子，底辺校に進学するらしいよ」と聞くと，学力が低いという認識と同時に，人間性も悪いのではないかという感覚に襲われませんか。あくまでもイメージの世界においてです。

　小学1年〜高校3年まで多くの子どもたちは日々勉強づけです。12年間もの長い間，学力，成績，偏差値といった尺度で計られていきます。すると，その尺度を，子ども本人のみならず，周囲の大人も唯一絶対の尺度と勘違いしていきます。その結果，周囲の大人は，その子の学力に応じた対応をしていきます。口では「勉強ができることだけが大切なわけではない」といいながらも，無意識のうちに，「学力が高い子は良い子，学力が低い子はダメな子」というレッテルを貼っていくのです。このようにして対応された子ども自身も，やがて自分の学力レベルが自己肯定感と比例していくことを実感するようになります。特に偏差値が中程度の高校生を対象に講演会を行うたびに実感することがまさにこれなのです。つまり，「学力によって人間と

しての評価をもしてしまうことで，自己肯定感が大きく下がっている」ということなのです。もちろん，芸術やスポーツ，その他の特殊領域で秀でた子は，そこで自己肯定感が担保されるため，それほど大きな凹みは感じられません。しかし，そのような能力を持つ子はほんの一部であり，多くの子どもたちは，自己肯定感が下がっていると断定していいでしょう。

　以上のことは国際的な統計データによっても裏付けられています。

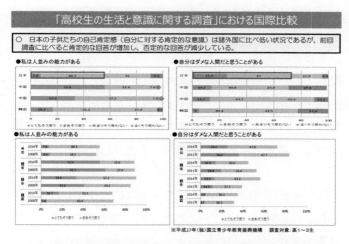

出典：第38回教育再生実行会議（平成28年10月28日）参考資料２

教師の自己肯定感は高いのか？

教師自身の自己肯定感を高める

これまで，子どもの自己肯定感について述べてきましたが，視点を変えて，教師の自己肯定感はいかがでしょうか。

教師の自己肯定感の調査結果が見当たらないため，明確なことはいえませんが，これも国際調査をすれば，同じように高くはない結果が出る可能性はあります。

東京都の資料でも，教師向けに「子どもの自己肯定感を高める」ための資料がありますが，一方で，教師自身の自己肯定感を高めていくという話は聞いたことがありません。私は，これまで30年以上，教育の世界に身をおいてきたと同時に，経営の世界にも身をおいてきました。

20世紀型の経営ではよく次のようなことがいわれていました。「顧客第一主義」。これを学校に置き換えると，「生徒第一主義」となります。

ところが，このスローガンには何か違和感があります。顧客は常に正しい，顧客の満足度を第一に考えるということです。確かに間違ってはいません。しかし，こういう勘

違いが始まるのです。顧客にサービスをする従業員は身を粉にして働き，顧客のどのような要求にも答え，顧客の僕〔しもべ〕のように働くという誤解です。ここから，ブラック企業が生まれ，昨今の働き方改革につながっていることは明白でしょう。では，学校はいかがでしょうか。学校で生徒第一主義と掲げることは美しいし，確かに間違っていません。しかし，ここから誤解が生まれます。つまり，子どものためであれば，何でも行い，自分の人生を犠牲にしてでも子どものために働くという誤解です。ここから教師のストレスが過剰に増え，子どもと向き合う時間が著しく減少し，結果，潰れてしまうということすら起こります。

　そして，21世紀に入り，次のようなスローガンが登場しました。それは「従業員満足度ナンバーワン」「従業員の満足度を高める」という言葉です。実は，こちらのスローガンの方がしっくりきます。なぜなら，従業員が満足せずに，顧客に対して十分なサービスなどできるはずがないからです。こちらの方が理にかなっています。依然として20世紀型の理念をそのまま継承している企業では，もはや従業員を募集しても人が集まらなくなっていることからわかるように，21世紀型のスローガンの方を多くの人は正しいと感じているのでしょう。

自己肯定感を上げるマジックワード

　学校でも同じことがいえます。つまり，学校は教師が
日々ワクワクして働ける場所であり，教師の満足度が非常
に高い世界にしなければならないのです。教師の満足度が
低くて，どうして子どもに十分な指導ができるでしょうか。
授業，生徒指導，教務，部活動の指導で教師の家庭生活が
崩壊するという姿も見てきました。はじめは志高く，教師
という職業を選択したにもかかわらず，やがて雑事に忙殺
される日々の中で，教師という職業を諦めた方もこれまで
何人も見てきました。しかし，このような教師の世界をい
きなり劇的に変えることは難しいでしょう。教師の世界の
仕組みを全国的に変えることは，日本という国全体の文化
を変えるぐらい難しいことだと思います。

　では，どうすればいいでしょうか。そのためには「考え
方を変える」という手法をとります。つまり，教師の自己
肯定感を引き上げていくことを自分自身で行っていく方法
をとるのです。他者が何かをしてくれるまで待つという考
え方を捨てて，自分で自分を変えていくという方法です。
そして自分が満たされることで，教員の自己肯定感が高ま
り，結果として子どもたちの自己肯定感が引き上がること
になります。

なぜ教員の自己肯定感が高まると，子どもたちの自己肯定感が引き上がっていくかといいますと，人間は，自分の心の中にあることと同じことを探す習性を持っており，その習性によって引き起こされる現象だからです。自分の心が満たされていない場合，他者の欠点，短所が見えます。そしてそれをいじることで悪化し，負のスパイラルが始まります。しかし，自分の心が満たされると他者の長所が見えるようになり，それを言葉にすることで相手も満たされるようになっていくのです。これを「鏡の法則」といいます。人は自分の心の状態と同じものを探す習性があるということです。したがって，教師の自己肯定感が上がることで，教師に関わる子どもたちの自己肯定感も上がっていくというわけです。

　しかし，日々大変な仕事ばかりの教師は，どうすれば自己肯定感を上げていくことができるのでしょうか。その方法は，第2章でも使った「マジックワード」です。つまり「言葉」の力を使います。言葉の持つ影響力は非常に大きいものです。言葉によって人を伸ばすこともできれば，潰すこともできます。無意識に使っている言葉が人格を形成しているともいわれています。言葉は，プラスの言葉とマイナスの言葉の2種類に大別することができ，どちらの種類の言葉を多く使っているかによって，その後の人生が変わるともいわれています。

私は今，全国のママさんに「子どもの自己肯定感を引き
上げる10のマジックワード」をお伝えしています。これら
の言葉は，特に目新しいものはなく，ほとんどは当たり前
の知っている言葉群ですが，なぜか日常で使っていないと
いう不思議なことが起こっています。そこで，あえてそれ
らの言葉を使っていくと，子どもの自己肯定感が上がって
いくのです。そしてその言葉を発している保護者の自己肯
定感も同時に上がっていく言葉として紹介しています。

　数々の実証例がある言葉なのですが，もともとはこの言
葉は，指導者である教師たちが子どもの指導のときに使う
と効果的であるということで紹介していました。しかし，
家庭内で保護者が子どもに使うことでも効果が非常に出て
いることが実証されたため，書籍化もして，全国の保護者
向けに発信をし続けています。

　本書は，教師向けの著書ということもあり，新たにバー
ジョンを上げた10の言葉を紹介します。これらの言葉をご
自身にも，そして子どもたちの指導でもぜひ使ってみてく
ださい。子どもたちに使った場合，これらの言葉を発する
教師自身の自己肯定感も高まるという現象が起こります。
人に発すると同時に，自分の耳にもその言葉が入るためで
す。

3

子どもの自己肯定感を高める
10のマジックワード【教師用】

自己肯定感を下げる３つの言葉

　私は，保護者向けに自己肯定感のお話をするときに，はじめに次のことをお伝えします。それは，「子どもの自己肯定感を引き下げる３つの呪いの言葉」です。

---

❶ちゃんと（きちんと）しなさい
❷早くしなさい
❸勉強しなさい

　この３つの呪いの言葉は，子どもがいわれたくない言葉の代表例です。なぜか保護者は，このような言葉を日常頻繁に使っています。いえばいうほど，いわれた方はやりたくなくなるのに親は使ってしまうという謎の言葉群です。「ちゃんと」するとは具体的にどのようなことをいうのでしょうか。意味不明です。

　「早くしなさい」という言葉は，ジャネーの法則によれば，子どもが感じる時間と大人が感じる時間には差があるため，大人の感覚で進めると子どもには早すぎるというこ

とがあります。大人であるみなさんも，子どもの頃に，やろうとしたときに保護者から「やりなさい」といわれた経験はないでしょうか。やろうとする直前になると察知したかのようにいう保護者というのも凄いですが，保護者の方が感覚的に早いということはここからもわかります。

「勉強しなさい」にいたっては，やりたくないことをもっとやらせるという恐ろしい言葉です。大人でいえば，「働きなさい！」といわれているのと同じでしょう。しかし，これらの言葉を親の日常生活から排除することは不可能なので，私は次のようにお伝えしています。

「これらの呪いの言葉をゼロにすることは無理でしょう。ゼロにしようとすると親のストレスがマックスになります。ゼロではなく，減らしていけばいいのではないでしょうか。人間は，プラスとマイナスを同時に感じることはできないため，マイナスを減らすことを考えるよりもプラスを使うようにするのはどうでしょうか」

そうなのです。人間は完全であることは難しいですが，マイナスよりプラスが多いという程度でいるなら，誰でもちょっとした心がけで変えることができます。

そもそもこの呪いの言葉は，発している本人自身の行動も縛る言葉でもあるのです。つまり「ねばらない」という観念で縛るということです。この「ねばらない」という観念こそが，最大の問題で，この観念がある以上，人生は好転しませんし，日々の勉強や仕事が楽しくなるということは永遠にありえないでしょう。「ねばならない」を使うの

ではなく，「～したい，～やりたい」という自発的行動に
もっていく方が圧倒的に良いに越したことはありません。
では，「～したい，～やりたい」状態にするにはどうすれ
ば良いのでしょうか。それが自己肯定感を引き上げる言葉
を使ってしまうことなのです。

　以上のようなお話を保護者にしています。では，教師の
場合はどうでしょうか。教師の場合は，親と違って，子ど
もを指導する立場の先生であり，集団行動を前提としてい
るため，これら３つの呪いの言葉は呪いにはならないと思
います。ただし，強制的な言葉によって行動させるよりも，
自発的に行動できるようにした方が良いに越したことはあ
りません。

自己肯定感を引き上げる承認のマジックワード

　そこで「実験」をして頂きたいのです。子どもの自己肯
定感を引き上げる次の10の言葉を使ってみてください。子
どもの自己肯定感が満たされると，どのような行動変容が
起こるのかという実験です。

承認のマジックワード

① 「すごいね」

② 「さすがだね」

③ 「いいね」

これら３つの言葉を，時折使っていきます。２つ目の「さすがだね」という言葉はあまり使われていませんが，ぜひ試しに使ってみてください。子どもたちはこの言葉の響きに驚きます。そして，このような３つの言葉を使われていると，自分が認められたという思いで満たされていきます。これを「承認する」といいます。

　「承認」は「褒める」と，ほぼ同義であるように捉えられていますが，私はこれを区別しています。褒めて伸ばすという言葉がありますが，これは正しいと思います。褒められると人は嬉しいですから。しかし，私はあえて「褒めることはしなくていい」といっています。褒めるのではなく「認める（承認）」をしてくださいとお話をしています。褒めることをなぜ推奨しないかといいますと，「褒めることは刺激」であるからです。刺激はあった方が良いのですが，一度褒めると，それが刺激となり，次に褒めるときは，前回の褒めたレベルと比較をしだすからなのです。刺激は一度感じた刺激を超えないと，刺激にはならないのです。ですから，褒めると，前回褒められたことと比較をし，「あれ，前回ほど褒められていない。今回はダメなのかもしれない」と感じる可能性があります。

　もちろん，本当にすごいことであれば，絶賛してあげることはいうまでもありませんが，相手をやる気にさせようとか，喜ばせようという意思が働いて，「褒める」ということをすると，相手はその意図を感じ取ることもあります。つまり，自然な形で「褒める」が行われるのであれば問題

ないのですが，仮に意図的に相手の自己肯定感を上げよう
とする場合，それには「褒める」という方法を使うのでは
なく，「認める（承認）」という方法をとると良いでしょう。

　近年，SNSを誰もが利用するようになり，その際，
「いいね」がいくつついたかを気にする風潮があります。
これはまさに承認欲求の表れといわれています。人は誰も
が認められたいと思っているともいわれています。

　マズローの欲求五段階説というのがあります。人間には
欲求が五段階あるといわれています。第一の基礎的欲求で
ある「生理的欲求」から始まり，「安全の欲求」「社会的欲
求」と続き，第四が「承認の欲求」です。そして，その承
認欲求が満たされると，最後の欲求である「自己実現の欲
求」になります。

　つまり，このように解釈することもできるのです。

自分が認められないと，夢を持つことすらできない

　この認められるということが「自己肯定感の高まり」で
あることはいうまでもありません。これが満たされずして，
自分がやりたいことが見つかるはずがないのです。昨今の
キャリア教育で行われているように職業観を高めたり，職
業体験をすることも重要ですが，自分の長所は何か，自分
が寝食を忘れて夢中になれることは何かを知る方がさらに
重要になります。そのための第一歩が，「自己肯定感を引
き上げる」ことなのです。

自己肯定感を引き上げる感心のマジックワード

🔌 **感心のマジックワード**

④「なるほどね」

⑤「知らなかった」

　これらは「感心」のマジックワードといいます。感心の
マジックワードは，教師が知らなかったことを子どもが知
っていたという状況ができたときに使う言葉です。子ども
は大人が知らないことを知っていたとなると，自己肯定感
が上がります。特に，教師が知らないことを知っていると
なるとなおさらでしょう。子どもは自分の好きなことにつ
いては語る傾向にあります。ゲームが好きならゲームのこ
と，昆虫が好きなら昆虫のこと，絵を描くことが好きなら
絵のことなどです。そういったその子が興味を持っている
ことを話させると，教師が知らない知識が必ず出てくるこ
とでしょう。そのようなときに使う典型的な言葉なのです。

　この言葉は謙譲的機能を持っており，自分がへりくだる
ことで，相手を上げていくという相対的な引き上げ方をし
ていく言葉です。子どもを得意にさせていくことで，自分
ってすごいかもと感じることが，自らに対して自信を持ち，
希望を生み出す第一歩となるでしょう。

自己肯定感を引き上げる感謝のマジックワード

●€ 感謝のマジックワード

⑥「ありがとう」

⑦「うれしい」

⑧「助かった」

　これはいわずと知れた「感謝」を示すマジックワードです。いずれも，当たり前にこれまで使ってきた言葉でしょう。しかし，本当に使っているのか，あらためて振り返る必要があります。このような言葉は，相手が幼い子であったり，知り合いではあっても比較的距離感のある人に使ったりしますが，身近な人や肉親となると徐々に使わなくなっていく言葉なのです。

　学校の場合，教師が子どもたちとどの程度の距離感になっているかは，様々でしょうが，慣れれば慣れるほど，本来，感謝すべきときに「当たり前でしょ，こんなの」という感情が先行して，いわなくなってしまう傾向にあります。そのようなときに，この感謝のマジックワードをあえて使ってみます。場合によっては，３つの言葉をフルセットで使います。「わぁ，うれしい〜。助かった，ありがとう！」と。この言葉をいわれてうれしくない人はいないでしょう。

自己肯定感を引き上げる安心のマジックワード

●€ 安心のマジックワード

⑨「だいじょうぶ」

　この言葉ほど，人を勇気付ける言葉はありません。「だいじょうぶ」という言葉が持つ力は計り知れません。しかし，この言葉を使うにあたって注意すべきことがあります。それは，「だいじょうぶ！」と力強くいうことは避けた方が良いということです。なぜなら，力強く言葉を放つ場合，「本当はそうは思っていないが，相手を安心させるために無理して使っている」ことが相手に伝わる場合があるからです。

　例えば，ピアノの発表会で，「これまでものすごく練習してきたから，あなたは『絶対!!　だいじょうぶ!!　だよ!!』」といわれたら，自分はやばいのかもしれないと感じるものです。そうではなく，「だいじょうぶ，だいじょうぶ」と軽くいうのです。小さい子どもがよちよち歩きをしていて，転んだときに，周囲の大人が駆け寄り「だいじょうぶ??　だいじょうぶ??」と聞くと，子どもは大泣きしますが，あまり気にかけずに「そんなの，だいじょうぶ，だいじょうぶ」と軽くあしらうと，子どもは誰も深刻に対応してくれないため，むくっと起き上がって，そのまま歩き始めます。これがまさに，「だいじょうぶ」という言葉の使い方を如実に物語ったものなのです。

自己肯定感を引き上げる指摘するマジックワード

◉€ 指摘するマジックワード

⑩「らしくないね」

　最後に，こちらのマジックワードは，唯一，相手がマイナス的なことをしたときに使う言葉です。「○○さんらしくないね〜」という感じで使います。「目の前の行為はダメだけど，本来の君はそういう子じゃないよね」というメッセージを伝えています。すると，本来あるべき相手の存在そのものを認めているため，相手の自己肯定感が上がっていくのです。もちろん，その逆の使い方「○○さんらしいね〜」という使い方でも良いでしょうが，マイナス的な行為のときでも，相手の自己肯定感を上げられるということを，このマジックワードで実感していただければと思います。

　ここまで，10の自己肯定感を引き上げるマジックワードについてご説明してきました。実際に使ってみることで，効果があるのかないのかわかってきますが，先ほども述べたように，言葉というのは，受信する側への効果と同時に，発信する側への効果もあります。つまり，言葉を発すると発した本人の耳にも入っているということです。そして，言葉は，主語の区別をせずに感情的な言葉のみが記憶されるといいます。だから古の言葉に「人を呪わば，穴2つ」

という言葉があるのです。どうせ使うのであれば，人を励まし，鼓舞していく言葉，人が聞いて，嬉しくなる言葉，ワクワクする言葉が良いに越したことはありません。しかし，教育指導の上では，そういう場面ばかりとは限らないでしょう。集団になるとやんちゃになる子，人が喋っているときに喋りだす子，歩き回る子，どうしようもない状況になるときもあるでしょう。そのときに，次のように考えていきます。

教育実験をする

　様々な場面に直面するたびに，それをただ受け止めて，対応しているだけでは疲弊するだけです。そこで，これから「実験」をしてみると考えるのです。子どもに対して実験という言葉はふさわしくないのかもしれませんが，人は実験であるといわれれば，その裏の意味に含まれている「失敗しても良い」という気持ちが出てくるため，もっと気軽にやってみようという気持ちになれるものです。何事もやってみないことにはわかりません。ということは，やってみることが重要なポイントなのですが，そのために「実験」という発想を入れてしまうと良いでしょう。

　大学の教授は「教育活動」と「研究活動」がありますが，小中高の教師も「研究活動」を自主的にやってみるのです。例えば，「この自己肯定感が高まる言葉を，クラスの中で

もっとも扱いづらい子どもに1週間使ってみたら，どういう変化が出るのか観察してみる」ということです。そしてそれを記録にとって，場合によっては学会で研究発表していくのも良いでしょうし，今後大学院に進学し，研究する際のテーマとして準備しているという位置付けにするのも良いでしょう。いずれにせよ，教師の日々の活動はただ，目の前の子どもたちへの「教育活動」だけでなく「研究活動」としての場でもあると考えてしまうことで，これまでの教員としてのあり方とは全く異なる視点で子どもたちを見ることができるようになるでしょう。

人財育成の最大原則

　この章の最後に，重要なことを書いておきます。それは人財育成の最大原則についてです（通常は「人材」と書きますが，あえて「人財」と書いています）。人を育成するということは非常に難しいと考えられています。それはそうです。人を変えるということはそんな簡単にできるものではありません。変えられるのは自分だけであるといわれていますが，一方で人財育成の原則というものもあるのです。この原則に沿っていれば，個別具体的な対応は何でも良いといわれています。

　この原則は，驚くことに一般社会人でも知る人が非常に少ないのです。そのため，人の育て方を知らない上司についてしまうと，部下は非常に苦労します。そして，その部下が上司の立場になると，育て方を教えてもらっていないため，また「なんとなく感覚」で行ってしまうのです。この連鎖が現代社会における様々な問題の本質であると私は考えていますが，一方で，「人財育成の原則」を知ることで，円滑な人間関係を形成したり，スムーズに仕事を進めることができるようになるのです。

子どもを育てる立場にある保護者も知る人は極めて少ないです。もしかしたら人を教え育てるプロである教師も知らない人がいるかもしれません。そこで，この章を終えるにあたり，この原則についてお話ししておきます。

【人財育成の最大原則】
相手の長所，良い点をさらに伸ばすこと

　これを長所伸展法といいます。もう少し詳しくいうとこういうことです。「得意なこと，長所，良い点をさらに伸ばすのであって，苦手なこと，短所，欠点を修正させるのではない」ということです。

　苦手なこと，短所，欠点を指摘しても良い人物は聖人君子だけといわれています。孔子，キリスト，お釈迦さまレベルです。果たしてこのようなレベルの人は身近にいるのでしょうか。このレベルの方々は，欠点を指摘されても素直に受け入れて正していくことができると思いますが，一般の人は難しいでしょう。

　しかし，学校教育では，できない部分を正していくことも重要であるといわれるかもしれません。この原則の重要な点は，優先順位という点なのです。つまり，長所をさらに伸ばすことが第一優先であり，欠点の修正は第二優先ということです。

実は，長所というのは自分では気づかないものなのです。なぜなら長所というのは，意識せずに，普通にできていることであって，自分では凄い事であるとは思っていないからなのです。しかし，欠点や短所というのは，自分でも認識していることが少なくありません。そして，そのマイナス点を意識すればするほど，マイナス点に固執し，そこから離れられなくなるというのが人間の心理なのです（寝ようとすればするほど寝られなくなる現象と同じです）。そこで，子どもの長所や得意なことは，それが凄いことであると口に出していってあげるのです。そしてそれをさらに伸ばすようにしてあげます。その際，短所，欠点は無視していきます。

　人間は自分の長所や得意なことを伸ばしている最中は，自己肯定感が上がります。そして，自己肯定感が上がると，すでに認識している短所や欠点を自己修正していくという習性を持っています。ですから，短所や欠点の指摘をはじめにする人は，相手が認識していない長所に気づかせてあげることなく，相手が認識している短所をさらに強く認識させ，負のスパイラルにはまらせているともいえるのです。相手のことを思って行っている指導が，実は真逆の結果を生み出すということに気づかずにいる状態となっているのです。

　さらに，厄介なことに，短所指摘，欠点是正から入る人は，善意でやっていると本人は思っているのです。「いわ

ないと気づかないから，いうのだ」という人もいますが，その際は実験してみると良いでしょう。つまり，長所の指摘だけで終わらせるケースと短所の指摘だけで終わらせるケースの両方を実験してみるのです。どちらの方が，積極的に子どもが行動していくのかがわかるでしょう。

　例えば次のような例をご覧ください。

　国語は比較的できているけども，算数ができないという子がいたときにかける言葉として3種類考えられます。

【最も効果がない声かけ】

　「算数できないのだからもっとやりなさい」

【一見，効果がありそうで効果がない声かけ】

　「国語はよくできるね，でも算数ができないのだから算数頑張るように」

　この方法は初めに良い部分を褒めてから，後で直すべき部分を指摘するという「Yes〜，but」の構造です。人に指摘するときは，このような言い方をするのが良いと推奨されることもあります。しかし，私はこの伝え方を推奨していません。なぜなら，受け手の子どもには「できない算数をやれ」というメッセージしか伝わらないからなのです。

　では，どのような声かけが良いかといえば，それが次の声かけです。

【もっとも効果的な声かけ】

　「国語よくできているね」

　たった，これだけです。これが長所を伸ばし短所を指摘しないということなのです。

第3章まとめ

 「自己肯定感」は生きる上で大切なキーワード

①子どもたちの自己肯定感が極めて低い。

②学力によって人間として評価してしまっている部分がある。

 教師の自己肯定感は高いのか？

①教師自身の自己肯定感を高めることが大切。

②教師の自己肯定感が上がることで，教師に関わる子ども
　たちの自己肯定感も上がっていく。

 自己肯定感を引き上げるマジックワード

① 「すごいね」

② 「さすがだね」

③ 「いいね」

④ 「なるほどね」

⑤ 「知らなかった」

⑥ 「ありがとう」

⑦ 「うれしい」

⑧ 「助かった」

⑨ 「だいじょうぶ」

⑩ 「らしくないね」

第**4**章

▶▶▶▶▶▶▶▶▶▶▶▶▶▶▶▶▶▶▶▶▶▶▶▶▶

学校 "常識" の謎　PART 1
~覚え方を知らない，勉強方法を知らない子どもたち

当たり前のようにやっていることは意味があるのか？

ここから2つの章に分けて，学校の常識の謎について述べています。これまで多くの学校の世界，教師の世界で当たり前と思われていたことが，実は，正しくないのではないかという視点に立って提示しています。なぜこのようなことをあえて本書で書くのかという理由ですが，次のようなねらいがあるからなのです。

　ここで提示した中に，「子ども視点の学び方」「教師が日頃薄々感じている疑問」「本来の学びとは何か」ということが明らかになる可能性があるということです。昨今の教育界でも，宿題を廃止するとか定期試験をなくすという型破りの出来事が起こってきています。しかし，私が教育に携わった30年前から，このようなことはすでにわかっていたことで，私は，ほとんどの宿題には意味がないと思っているため，宿題を出さずに子どもたちの学力を引き上げてきましたし，子どもたちが学びそのものを楽しいと感じる方法で授業を展開してきました（正確にいえば，強制的な宿題はありませんが，子どもたちが自主的に望む宿題は出しています）。

　もちろん塾と学校では事情が異なりますが，昨今の出来事のようにやろうと思えば学校でも，現場の抵抗は大きいでしょうが可能であるということが証明されています。

　宿題以外にもたくさんの疑問があります。例えば「覚え方を教えない」「学び方を教えない」といったこともその一つでしょう。

この章は，これまで疑問を感じてこなかった方や，疑問を感じていても "これまでの常識" 通りやってきてしまった方には，晴天の霹靂となるかもしれません。しかし，このような新しい視点を通じて，教員がしている指導が，もっとも効果的，効率的になり，さらに教師自身が日々，学校へ行くことが楽しい，指導することが楽しい，そして人生が充実していると思えるようになることも大切なのではないかと私は考えているのです。そのようなことが背景にあるため，あえて刺激的かつ本質的なことを「学校教育の謎」という形でこの章で記載しました。ここに記載されている内容に該当しない場合はスルーしてください。一部の教師たちはこれらについてはすでに想定内の話となっており，彼らはすでに熟知しているということのようです。本当にこれまで "常識" として学校でやってきたことに意味があるのかどうか，改めて考えてみても良いのではないでしょうか。この章から始まる内容を参考として頂き，子どもたちにとって，さらに教師にとって心がワクワクに切り替わることが一つでもあれば幸いです。

1

「覚え方」を知らない
子どもたちの謎

　学校教育の謎の一つ，まずはこのテーマから始めます。それは「覚え方」を教えないということです。「来週テストをするから覚えてくるようにといわれて，覚え方って教わったことがありますか」と講演会や Mama Café で1万人以上の保護者に聞いてきました。大半の方は首を横に振ります。子どもたちにも聞いてみました。「これまで覚えてきなさいとはいわれたことあると思うけど，覚え方って教わったことある？」と。すると返答はこれまで全員「NO」でした。この事実は深刻に受け止めなければなりません。なぜ，覚え方を教えないで，覚えてきなさいということがいえるのかということです。最大の問題は，受け手側（子どもたち）も疑問に思っておらず，保護者も疑問に思っていないということなのです。そこで，このような話をすると皆，「そういえばおかしい」と初めて気づくのです。

　そこで，子どもたちに聞きます。「どうやって覚えているの？」と。するとこういう回答ばかりです。

　「書いて覚える」「読む」「見た」「問題集を（1回だけ）解いた」

これらは，いずれも正しい覚え方ではないにもかかわらず，それを覚える方法であると勘違いをしてしまっているのです。ですから，このようなやり方では記憶がされにくく，点数につながらないため，そのうち勉強することに嫌気がさすのです。これらの方法は正確にいえば完全な間違いではありません。「やっている時間ほど成果が出ない非効率的なやり方」というだけの話です。ですから，勉強は，気合い，根性，努力が必要と精神論を持ち出されてしまうことがあるのです。やる気がないといわれることも，背景にはいくら勉強しても成果につながらないという実情があると考えて良いでしょう。

　しかし，「覚え方」を教えてもらっていない子どもたちに責任はありません。やり方を知らないのに，やる気など起こるはずがないのですから。特に，書いて覚えるという方法は，もっともやってはいけない方法なのですが，子どもたちはそれを知る由もありません。

　では，「覚える」とは，どういうことをいうのでしょうか。それは，次のことです。

自分で繰り返しできるまで『テスト』をすること

　覚えるのは何のためにやるかといいますと，本番の「テスト」のためです。本番前には何をするべきでしょうか。通常，何でも本番前にはリハーサルというものがあります。

リハーサルは本番さながらのことをします。ということは，本番の「テスト」の前にすることは，練習ではなく，「テスト」でなければなりません。100回書きのテストであれば，100回書きを練習しますが，そういうテストでないにもかかわらず，書いて覚えるという超非効率的なことをやってしまう子どもが無数にいるのです。

　できる子どもたちは，そのような方法で覚えていません。テスト前には，できるかどうか自分でテストをしているのです。そしてできない問題を繰り返しテストすることで，答えられるまで行います。これが高得点を取る子どもの特徴なのです。覚えていないのに，テストで点数が取れるわけがないのです。

マインド優先の会話がない謎

　人間には「心」というものがあります。このような発言をしたら相手がどう感じるのかということは通常わかるようなことですが，「心」を無視した指導というものも少なくありません。例えば，これまで非常に多くの学校の授業見学をしてきましたが，そこで次のようなやりとりが，多く見られたのです。

　授業中，子どもたちを当てるということがよくあります。

教師：「この問題，答え何にした？　Aさんどう？」
Aさん：「3にしました」
教師：「違うね。じゃ，Bさん」

　いかがでしょうか。ありがちなやりとりであると思われるでしょうか。実は，この展開は明らかにおかしいのです。なぜならば，Aさんの心の状態が無視されたやりとりだからです。

　Aさんは答えたことに対して，ただ違うといわれただけです。その後Aさんが，再び教師にさされたときは，2度と答えないか，「わかりません」ということでしょう。

プロはこのような対応をしません。プロは次のようなやりとりをしています。

教師：「この問題，答え何にした？　Ａさんどう？」

Ａさん：「３にしました」

教師：「なぜ３を選んだの？　１，２，４はどこが違うと思った？」

Ａさん：「３は〇〇だから。１，２，４は△△だから違うかなと」

教師：（実際は違っている場合でも）「なるほどね。そういう理由か」（と受け止め）

教師：「じゃ，もし〇〇みたいな感じだとしたらどうかな」（とヒントを与えて考える場を作る）

　プロはこのようにして，子どもにまずは理由を聞きます。そしてその理由が合理的である場合，その考え方については否定しません。その上で，間違っている場合は，考えるヒントを与えていきます。このようにして進めることで，子どもたちは学ぶのです。それをただ「違う」といわれて他の子どもたちに視点が移るような授業はおそろしくつまらない授業で，２度と聞きたくない授業であると感じることでしょう。

3

板書とノート写しの謎

　板書自体がおかしいということはありません。多数の人に説明する場合、これほど合理的な方法はありません。算数や数学の解き方などのプロセスを知るには、展開している様子を見せた方がわかりやすく、板書はある種のプレゼンテーションですから、必要なことではあります。

　問題は、その板書されていることを、子どもたちがノートに書くという作業でしょう。このノートに書くという作業は意味があるのでしょうか。これまで多くの勉強ができる子どもたちに聞いてわかったことがあります。それは、彼らはノートを取るよりも教師の話をよく聞く方に重点をおいているということなのです。ノートを取っていると一見、勉強しているように見えますが、実は全く無意味な作業をしているにすぎません。ただし、教師の話をしっかり聞きながらメモを取っている場合は、意味があります。しかし大概は、教師が説明している部分とは違う部分をノートに書き写しています。

ノートに取って書くこと自体に意味があるという人もいますが，それならば，授業後に何をやっていたのかを説明させるとよくわかります。もしノートを取ることに効果があるのであれば，説明ができるはずです。またテストをすれば記憶されていて点数が取れるはずですが，それは通常ありえません。これまで数々の実験をしましたが，軒並みノートを取ることは無意味であったという結果です。それならば，話を聞くことに徹して，ノートは誰か上手に書いている人のノートをコピーさせてもらえば良いわけです。

　では，どうすれば良いかという話ですが，例えば，「聞く時間と書く時間を分ける方法」というのがあります。しかし，この方法ですと書く時間が遅い子どもがいると，その子どもに合わせた授業が展開し，間に合いません。また，ほぼ書き終えた段階で話を始めると，書ききれていない子が中途半端で終わります。ですから，プリント形式で授業展開をするか，ノートは取らずに，最後に板書した内容をコピーで渡してあげるという方法があります。

　いずれにしても，ただ黒板に書いてあることを書き写すことは無意味であると私は子どもたちに伝えています。私は子どもたちに，「メモを取る習慣」をつけるために，ノートを取っているのだと教えています。

　つまり，黒板に書いてあることはとりあえず書くけれども，教師の話を聞いて，重要と思うところをメモするようにと伝えているのです。小学生高学年以上は，これができ

ます。すると授業中退屈なこともなくなります。それでもノートを取らない，メモを取らないという子もいるでしょうが，このような子どもは別の問題を抱えているため，別の個別対策を取らなければ，集団だけでは難しいでしょう。

したがって，その子どもだけに視点をおかず，多くの子どもたちによって効果的な方法ということで実践することが，マクロ的に見たときの最大効率になるでしょう。

集団指導は誰のためにも
なっていない謎

　学校は集団授業で進めます。集団授業の効率性は確かにあります。しかし，集団への講義，説明は誰を基準にして進めているのかという疑問があります。通常は中間レベルの子どもたち，または中間より少し上であるといわれます。

　集団授業形式だけでは，ほぼ全員にとって意味のない授業が展開されている可能性があるのです。上位陣にとっては退屈な授業となり，下位陣にとっては，全く理解できず退屈になるという現象を招きます。しかし，集団授業を展開している以上，これはやむを得ません。そこで，重要なことは，集団授業をやりながらも，個別指導をしてしまうという方法があります。私はこれを集団的個別指導と呼んでいます。その方法とは次のようなやり方です（科目や分野によって授業展開が変わるため，すべてのことについて書くことはできません。そのためここでは，もっとも差がつきやすい演習をする場面について記述します）。

①指導内容は同じ分野であっても演習する問題のレベルが異なるようにする
②演習は自分で答え合わせすることを原則とする

③演習中に教師は机間巡視しながら，手の止まってい
　る子どもを中心に個別で指導していく

では一つひとつ説明していきます。

①新単元というものはどのレベルの子どもにとっても新し
いものであり，説明は全体に対して行っていきます。しか
し飲み込みの速さの違いによって，問題を解くスピード，
レベルが異なります。そこで問題は類題問題→基本問題→
応用問題とし，類題ができた子は基本問題へ，基本ができ
た子どもは応用へと進む手順を黒板に「フローチャート」
にして示しておきます。そうすることで，学力の低い子ど
もたちは類題を理解し解けるレベルで終了し，学力が高い
子どもたちは応用問題まで進めます。多くの子どもたちが
間違っている問題や，手がつけられない問題などは黒板を
使って，わからなかった子どものみ顔を上げさせて説明し
ます。つまり，子どもたちのレベルに応じて全員の進度が
異なるのです。しかし演習している分野は全員同じです。
このような体制を集団授業で作ってしまいます。このスタ
イルで私は50人まで行ったことがありますが，学校でも十
分可能であると考えています。

②演習問題は自分で答え合わせをさせます。よく目にする
光景として，子どもたち全員に同じ問題をやらせ，それを
一つひとつ黒板で説明する場面があります。これがもっと

も非効率的なスタイルです。できる子どもたちにとっては
これほど退屈な授業はありませんし，できない子どもたち
は黒板で説明されても意味がわかりません。つまりほとん
ど全員の子どものためになっていないのです。このことに
気がつかずに，未だに，古典的指導をやっていることが少
なくないと聞いており，それではいつまでたっても子ども
たちの学びにはつながらないことでしょう。

③子どもたちの演習中，教師は手が空きます。しかしこの
時間がもっとも重要なのです。机間巡視をするのですが，
ただ見回るのではありません。手が止まっている子どもを
中心に指導していきます。大切なことは，次の2つになり
ます。
(1)答えにいたるまで全てを教えないこと。ヒントのみをい
って子ども自身で解けるように援助をします。そうするこ
とで子どもの自立性がつくことと，1人当たりの指導時間
が短縮できます。
(2)順調に進んでいる子どもにも「よくできてるな」「順調
か？」といって声かけをすること。できる子どもは黙々と
進んでいきますが，先生はしっかりとこのような子どもに
対しても意識を向けて，実際に声をかけることです。これ
がないとできる子の心は先生から離れていきます。塾の場
合はそのような「できる子どもたち」は辞めていきます。
人間は無視されると（実際は無視ではないが現象としては
無視と同様）離れていくことをこれまで身をもって体験し

ました。

　以上，簡単に集団的個別指導体制についてお話をしました。もちろん科目によって型が異なります。しかし原則的な指導体制はこのようなものだとお考えください。つまり，全員に対しても説明をしますが，個別対応もしていくという方法で，そのためには"子どもたちの力を使っていく（自分で答え合わせさせるなど）"ということです。私が授業を行うときはこの形式以外はとりません。もちろんこれ以外にも効果的な型の授業はあると思いますが，私は今のところ，この型を超える効率的，効果的授業形態が見つけられないため，この方法で行っています。

　もし，現在，行っている授業で，子どもたちが退屈しているようであれば，子ども側の問題も多々あると思いますが，授業スタイルに問題がないかどうかを考えてみて，新しい授業の型を実験的に試してみてはいかがでしょうか。

やっつけ仕事でやる宿題を今も出している謎

　宿題という言葉は一体いつからあるのでしょうか。これまで学校教育を受けてきた人は，やるかやらないかにかかわらず，一人として例外なく宿題を経験していると思いますが，この宿題は果たして意味があるのでしょうか。

　昔もやっていたから，今もやるという前例主義が常に正しいとは限りません。「宿題は意味がある」と思ってやっている子どもたち，さらには意味があると思って出している教師は一体どれぐらいいることでしょうか。

　意味のある宿題が全くないということはないでしょうが，私は，基本的に宿題に意味があるとは思っていません。その問題提起としてここで書いていこうと思います。

　私は20歳で起業し学習塾を立ち上げたとき，初めは宿題を出していました。なぜなら，宿題を出すことが当たり前であると思っていたからです。表面的な理由としては「今日勉強したことをもう一度やらせる」「やりきれなかった問題は家でやらせる」ということでした。この理由を子どもたちは何ら疑問を持つことなく受け入れていました。しかし，宿題をやる子とやらない子に分かれていきました。

宿題をやらない子には，「説教」の時間が設けられます。
さらに，やらない場合は，家に電話して「おたくのお子さんはやるべきことがやれないようなので，塾で成績を上げることが難しいです。このままだとやめてもらいます」といっていたのです。このようなことを聞いて，どう思われるでしょうか。当然だと思われるでしょうか。塾ですので，塾側は子どもたちをいつやめさせても良いし，子どもたちも合わないならやめる権利があります。しかし，1年経つか経たないかの月日が経ち，これはおかしいのではないかと感じたのです。

　よくよく考えてみれば，「月謝は何のために受け取っているのか？」ということなのです。勉強を教える時間への対価であると考えている塾は，成績が上がらないのは子どもの問題であり，成績が上がるのは塾のおかげと考える傾向にあります。それはおかしいと思いませんか。私は，月謝は成績を上げることへの対価であると考えたのです。

　すると，塾としては子どもが宿題をやろうがやるまいが，お金を頂いている以上は，絶対に学力をつけて成績を上げなければなりません。そうなると，子どもが宿題をやってくることを期待しているうちは絶望しかないことを知ります。その結果，私は，宿題を廃止してしまったのです。今から30年程前のことです。正確にいえば，いわゆる一般的な「やらねばならない宿題」を廃止したということです。昨今，学校でも宿題を廃止する動きが出てきましたが，私は30年前から行っており，それでも成績は上げていきまし

た。ということは，「今までの宿題は何だったのか？」ということです。

　宿題を出さずに学力向上，成績向上をしなければならないとしたら，どうするでしょうか。人は，与えられた条件の中で，工夫して何とか対策を講じるものなのです。いつまでも宿題というものに先生が頼っているうちは，新しい指導方法が出てくるわけがありません。

　私は，この宿題こそが勉強嫌いにさせる最大の問題点であると思っています。宿題を積極的に受け入れて前向きに取り組む子には意味のある活動となるでしょうが，そのような子どもは果たして何％いるのかということです。通常，宿題は，"やっつけ仕事"として行い，締め切り直前になって提出しなければならないからやったり，答えを写していたり，友達に写させてもらうというケースもあります。また，指導者側でも，宿題の答え合わせを授業でやるということがあります。

　これは果たして意味があることなのでしょうか。わかりきっている子どもにとっては退屈な時間であり，宿題をやっつけでやった子どもたち，やってこなかった子どもたちにとっては無意味な時間であり，誰にとっても意味があるとは思えません。子どもたち全員が前のめりで授業を受けていて，宿題に本気で取り組んでいるという前提条件をクリアして，はじめてこのような授業が意味をなすのではないでしょうか。

本来，子どもたちはそうあるべきで，宿題はそうあるべきであると理想を掲げていても仕方ありません。なぜなら，日々は一刻一刻と流れ，授業は次々と展開し先に進んでしまうからです。理想を追いかけているうちに，あっという間に卒業です。では，宿題を出さずに，どうやって学力をつけていくのか，成績を上げていくのかということです。

　この方法について，今回はじめて書籍で公開します。

【前提】授業内で基本事項は記憶までさせてしまう

　具体的方法の前に前提について書いておきます。それは授業時間内に基本事項の記憶までをさせてしまうということです。学校に比べて極めて授業時間数の少ない塾で，これが完結しているのですから，学校の授業でできないはずはありません。手順としては次のようになります。

---

①本日の授業で学ぶことを授業の最初に伝える
②説明や演習などを行う（科目によって異なる）
③本日の基本事項を記憶する時間をとる
④（紙ではなく）口頭で当てていきながらテストをする

　この手順で基礎定着まで持っていくことができます。つまり，クラスの全員が基本事項の記憶をして授業を終えるという状態を作ります。さらに，次の授業のときは，前回

の復習から入りますが，また時間をとって記憶させ，口頭試問をします。この「のりしろ」部分を作ってから新しい単元に入ります。紙の確認テストでない理由は，時間がかかるからです。口頭試問の方が緊張感もあり，誰かが答えることで，覚えていない子どももその場で覚えることができるメリットもあるのです。

　基本事項の確認チェックで，紙のテストをすることが悪いわけではありませんが，デメリットもかなりあります。例えば，答え合わせはどうするのでしょうか。隣と交換して答え合わせをする方法もあります。しかし，時間がかかります。またほとんどの子どもたちはわからないことや間違った部分を赤ペンで書く程度です。これは記憶とはいいません。その場で記憶をさせない限りは，定着はしないということなのです。

宿題はどうするか？

　このような前提がまずは重要で，これによって落ちこぼれる子どもは極めて少なくなります。この方法でも，まだ定着できない子どもは補習しか手段がありませんが，学校では補習は難しいでしょう。ですから授業内で完結させていくという方法をとります。では，宿題はどうするかということです。先ほども申し上げた通り，宿題は出しません。よく出す宿題めいたものに「来週テストするから勉強するように」というものがあります。これはこれで意味がある

のでしょうが，問題は，どうやって勉強するかを教えないということにあります。やり方がわからないから，ただ，読む，書く程度で終わり，点数につながらないという結果になります。そのうち，やっても意味がないということで放棄してしまうことになります。すると点数が悪いため，また説教されるか見放されるかになり，ますます勉強から遠ざかるという結果になりかねません。

　ですから，授業内でインプットまで行ってしまうという方法をとるのです。

　さて，先ほど「宿題は出さない」と書きましたが，これを正確にいえば「やらねばならない宿題」を出さないということです。ということは，「やりたい宿題」は出しても良いということになります。ここからはテクニックになります。この方法は全国にいる私の知人友人のプロの学校教師が，「私もそうしています」と語っていた方法で，プロの教師は概ね同じような方法をとっているようです。その方法とは次のやり方です。

　「本日の授業で基本は完了したけど，さらに今日のレベルより２つぐらい上のランクにいきたい人は，このプリントが用意されているけど，どうする？」と聞くのです。

　ただし，プリントを渡しただけでは，やらない可能性があるため次のようにいいます。

「渡しても良いけど，このプリントを作るのに時間も手間もかかっているから，やらないのであれば渡さない」と。

　すると子どもたちは，「やります」といいます。そこですかさず，「どうしてやったってわかるの？」と問い返します。

　子どもたちは「提出します」と大方，いってきます。でも，「ただ出せば良いというのが勉強じゃないよね。わからないことがわかるようになるのが勉強だしね」と付け加えていきます。

　すると，子どもたちは「わからないことは質問します」と返してきます。そのあとに，「そこまでいうなら，じゃあ渡そう」といえば良いのです。もちろん解答付きです。自分で答え合わせをして，答えを見てもわからない問題は質問するという流れができるのです。このバージョンアッププリントはやりたくない子どもには渡す必要はありません。やらなくても良いのです。なぜなら，授業内で基本事項のインプットが終わっているため，落ちこぼれになる心配はないからです。

　このようにして渡したプリント，これは見方を変えれば宿題です。しかし，「やらねばならない宿題」ではなく，「やりたい宿題」になっていると思いませんか。たった30秒ぐらいのやりとりで，180度ひっくり返すことが可能な

のです。この方式でパターン化すれば，今度は子どもたち
の方から「バージョンアッププリントください」といって
きます。これによって，基本事項で精一杯の子はその子ど
もなりに，高いレベルにいきたい子どももそれなりに成長
できる体制ができます。

　一律で同じことを教えて，同じ内容をやらせ，同じ宿題
を出すということは，もはや無理があると私は考えていま
す。クラス分けをしたとしても，そのクラス内でまたばら
けてしまいます。このような集団授業内においても，レベ
ル別，意識別（やりたいかやりたくないか）に対応するこ
とは十分可能であるということを，全国のプロ教師たちか
らも聞いています。もし宿題について，教師も子どもたち
も意味を感じていないのであれば，これらの方法を参考に
してみてください。

6

子どもは意味がわからないのに，教師が説明したら，できたことにする謎

　この謎は，実は学校だけで起こっている話ではなく，人に何かを教える場では頻繁に起こっている現象です。通常，上下関係がある中で，教える，教えられるという立場になると，上の立場の人は次のように聞きます。

> 「ここまでの話，わかった？」または「ここまでで質問あるかな？」

　通常，「わかった？」といっても反応はしません。また，「質問ある？」と聞いても「ない」といいます。その結果，上の立場の指導者は，そのまま先に進めていきます。

　しかし，実際は，わかっていないということが往々にしてあるのです。わかっていないのに，わかったと思って先に進めるとどういうことが起こるでしょうか。「さっき教えたのになぜできない！」とか「わかったといったよね！じゃ，できるだろ」という発言につながったりするのです。実は，相手がよくわかっていなかったということが背景にあるのですが，指導者は学習者が，わからないといわなかったし，質問もなかったので，わかっていると勘違いをし

て進めてしまったというのが実情なのです。

　そこで，わかったかどうかを確認する方法があります。プロの教師は次のような方法をよく使って，理解度の確認をしています。

　教師：「どうかな，ここまでの内容わかったかな？」
　子ども：「うん，わかった」
　教師：「じゃ，説明してみて。自分の言葉で良いからね」

　つまり，わかったというのであれば説明ができるはずなのです。説明ができないということは，わかっていないことを意味します。また，この方法は，理解度を確かめること以外に，子どもの表現力のトレーニングにもなっていきます。最後に，「自分の言葉でね」と付け加えます。そうしないと，ただの棒読みで字ヅラをなぞった説明をしかねないからです。

　このように聞いて，子どもが説明できないときは，「じゃ，もう1回説明するね」と言って，説明してあげれば良いでしょう。1クラス40人もいる場合，一人ひとりにこのように聞いていくことはできませんから，クラスの中で理解力が比較的低い子に聞いてみるという方法をとります。すると最下位の子はわからないままの可能性がありますが，そのような子には，授業内の机間巡視中に個別で指導していくということができます。ここまでが教師ができる精一杯のことでしょう。

第4章まとめ　学校"常識"の謎　PART1

　覚え方を知らない子どもたち

「覚える」＝自分で繰り返しできるまでテストをすること。

　マインド優先の会話がない

間違えた場合，まずはそのように考えた理由を聞く。考え方については否定せず，考えるヒントを与えていく。

　板書とノート写し

教師が説明している部分と違う部分をノートに書く作業は無意味。「聞く時間」と「書く時間」を分けるのも一案。

　集団指導は誰のためにもなっていない

答えにいたるまで全てを教えず，ヒントで子ども自身で解けるように援助をする。その際の励ます声がけが大切。

　やっつけ仕事でやる宿題を出している

強制された宿題は，勉強嫌いになるだけ。出し方に工夫を。

　説明したら，それでできたことにする

「わかった」のであれば説明できる。必ずチェックを。

第 5 章

▶▶▶▶▶▶▶▶▶▶▶▶▶▶▶▶▶▶▶▶▶▶▶▶▶

学校 "常識" の謎　PART 2
～子どもたちの心の状態から組み立てる授業だろうか

それは子どもたちの心をベースにした指導なのか？

この章でも引き続き，学校の"常識"の謎についてお話ししていきます。前章もそうですが，子どもたちの心の状態，つまり通俗的表現をすれば「やる気」というものが喚起される授業展開であるかどうかが重要なテーマになるのですが，実は，これまでのやり方を少し変えるだけでそれが実現できる場合もあります。つまり，教師の意識を変えるというものでもなく，新たな予算をつけるというものでもなく，教師の人事異動をする必要もなく，現状の条件で，「やり方を少し変える」だけで大きく変化することがこれまでの実践例で証明されています。ただし，その前に必要なこと，それは「謎」というキーワードです。実は「謎（おかしい）」なのではないかと疑ってみること，これが前提になります。そこで，前章からそのまま，この「謎」という問題提起をしていきます。何か一つでも新たな授業展開へと利用して頂ければ幸いです。

やり方を変えよう！

つまらないことには子どもは興味を示さないのに，つまらない授業をまだやる謎

　つまらない授業とは大変失礼な表現ですが，つまらない授業というものにこれまでたくさん接してきたのです。つまらないとはどういう授業かといいますと，淡々と教師が空中を見て喋っているだけの授業，黒板に向かって延々と喋っている授業，難しい言葉をたくさん使っている授業，わかりにくい話が多い授業，興味がそそられない内容ばかりの授業を指します。勉強したいと積極的に思っている人を対象にする授業であれば，これでも良いでしょう。

　しかし，もともと子どもたちは勉強というものに興味を示しません。そのような子どもたちを対象につまらない授業をやれば，さらに嫌いになるのは必至となります。自分がつまらない授業をしているか，していないかは，授業を受けている子どもたちを見ればすぐにわかります。寝ている子が複数いる授業，とりあえず聞いているふりをする子が複数いる授業，授業とは関係のないおしゃべりをしている子が複数いる授業は，100％とはいいませんが90％の確率でつまらない授業をやっていると考えて良いでしょう。

　中には，明らかに子どもの側に問題があるというケースもあることでしょう。しかし，そのような特別な子は除き，

複数の子どもたちが授業の話を聞いていないとしたら，それは授業のやり方に問題があります。ようするに，つまらない授業をやっているということなのです。通常，教師という立場の人は，自分がやっている授業を見たことがありません。私が私学の経営者であったときに，次のようなことがありました。

　50以上のクラスを私が毎日授業見学していました。多くの授業で生徒が寝ている，おしゃべりばかり，それでも教師は淡々と授業するという様子に驚愕したのです。そこで研修を行いました。しかし，通常の研修とは異なります。まず，ベテランの教師から順にビデオで自分の授業を撮ってもらったのです。その動画を研修会で使ったのです。
　そこで，私は30年以上教師歴のあるベテランの教師に聞きました。「先生はご自分の授業を見たことがありますか？」。すると教師は「ない」と答えました。通常はあるわけがないのです。自分の授業を動画で撮影して研究する人が果たして何人いるか考えればわかりますが，あえて聞いてみました。そして，次に「ご自身の授業をご覧になっていかがですか？」と聞きました。するとどのような答えが返ってきたと思いますか。「最悪だ」とお答えになったのです。その後，次々と教師自身で授業を動画撮影してもらい，皆で研修として学んでいきましたが，皆さん同様のお答えでした。確かに最悪なのですが，驚くことに，自分では動画を見るまで，最悪と思っておらず，まともな授業

をやっているつもりであったということなのです。

　人は，自分に対しての期待値を上げて判断する傾向にあるため，現実はかなり下である可能性があるのです。教師になると，その後，自分の授業を正しく評価してもらえる機会はなくなります。動画で自分の授業を自分で見てしまうのが一番早いのです。見ることはかなり怖いですが，現実を直視するとはこういうことをいうのです。その後，この方法はかなり効果を発揮し，このようなビデオ研修を行った１年後，全教師の指導レベルが計り知れないほど上がったことはいうまでもありません。

　動画撮影して，自分の授業を客観的に見て，どういう印象を持つでしょうか。人に指摘をされてもよくわかりません。自分の授業を自分で見てしまう方が改善は早いものです。通常は自分の思っていた期待値を下回るため，修正すべき点がいくつも見えてきます。それを改善し，また動画撮影するのです。確かなレベルと実感できるまで，動画撮影をすると，うまくいく授業とはどのような感覚なのかがよくわかります。模擬授業を行い，他の教師からアドバイスをもらっても，自分ではその実感がよくわからないため，模擬授業でのアドバイスは参考になるものの，実際の改善にはなかなかつながらないと考えて良いでしょう。自分で自分の授業を見てしまう，この方法に勝るものはありません。ぜひ試してみてください。

テストを返却してから解説する謎

　小学校でもテストがあり，中学，高校でも定期テストがあります。そのようなテストを採点して返却し，その後，テストの解説をするという場面があります。これは学校でよくある何の変哲もない光景ですが，よくよく考えてみるとこれも謎に満ちています。テストの解説をすること自体は良いことだと思いますが，テストを返却してから解説しても，意味がないということに気づく必要があると思っています。できている子どもは，その解説を聞きませんし，できていない子どものほとんどは勉強自体に前向きではないため，解説を聞いておらず，ただ赤ペンで黒板に書いている答えを書き写すだけだったりします。テスト返却後は点数だけを気にして，なぜ間違えたのかどうかは多くの子どもたちにとってどうでもいい話だからです。

　では，解説をするのであればどのようにすれば良いでしょうか。それは，テストを返却する前に解説をするという方法をとります。そうすれば自分の答えがあっているのかどうか気になるため解説を聞きます。聞けば記憶にもつながるため，少なくとも解説の意味はあります。

　しかし，手元に問題用紙がないのにどうやって説明する

のかという問題があります。そのようなときは，問題用紙だけ渡して説明すれば良いでしょう。もしくは間違いが多い問題だけを用意して，その用紙を渡して説明すれば良いでしょう。また，最近ではプロジェクターや電子黒板がある学校もあります。そのような機器を使えば問題だけを映し出すことは可能です。いずれにしても，方法はいくらでもあります。重要な視点は，子どもが聞きたくなる方法で解説をしているかどうかという点です。このように，教師がしている努力が確実に実るようにするためには，ちょっとしたやり方の工夫だけで，ずいぶんと変わっていくものなのです。

効果がない反省文を今もやらせる謎

　反省文については現代においてはされていない可能性の方が高いのですが，私が知るところではまだこの反省文という“作業”をさせているところがあるため，あえてこの項目に載せてみました。

　そもそも反省文を書いて，どれくらいの子どもたちが反省しているのか甚だ疑問です。2度とこのような反省文を書きたくないと思わせるために書かせるという場合もあるようですが，そのような子に限って，何回も反省文を書いています。20世紀では「反省」という言葉ではなく「振り返り」という言葉が主流です。つまり，振り返りとは良いことも悪いことも振り返ることで，その原因を考えていくというものです。

　重要なことは，なぜそうなってしまったのかという原因と今後どうすれば再発が防げるのかという対策です。成功例の場合は，なぜ成功したのか，そしてその成功を持続するためにはどうすれば良いかという対策を考えます。これを振り返りといいます。この作業は能力開発にもつながる非常に重要な作業になります。通常の反省文は，悪いことをしたときに書かせる作文です。書き方も教えないため，

「二度とやりません。反省しています」という決まり文句を書いてお茶を濁してお終いです。このような“作業”であればやらない方が良いでしょう。ただの嫌がらせで終わってしまいます。それよりもこの場を，子どもの人生の転機と考え，原因と対策を一緒に考える方がはるかに再発率は下がるでしょうし，逆にその子が化けていく可能性もあります。結果として教師がその子にかける手間暇の時間は削減できると思います。そう簡単にいくはずがないと思われる方もいるかもしれませんが，やってみなければわかりません。試してみる価値はあるかと思います。反省文を書かせるような子どもが出てきたときがチャンスです。

4

定期テストの試験範囲を出しても
勉強の仕方を教えない謎

　最後にもっとも重要なお話をします。これは特に中学，高校段階におけるお話です。定期試験の試験範囲表を子どもに配ることはあると思いますが，勉強方法について教えているでしょうか。

　通常は教えません。というよりも勉強法を教えるという概念がありません。それは，学習指導要領に書いていないからというのが主な理由のようです。しかし，勉強方法を知らないでどうやって勉強しろというのでしょうか。これまで年間400回以上行っている，講演会，Mama Café（ママさん対象勉強会），講座（中学生向け）で，毎年5,000人ほどの方に聞き続けている同じ質問があります。それは，「テスト前に試験範囲は教えてもらったと思いますが，テスト勉強の方法を教えてもらったことはありますか？」という質問です。私が把握している範囲でいえば，99％の方がないと答えていました。私も小中高時代を振り返ってもありません。なぜ，勉強法を教えないで，テストをやるというのか，これが学校教育の最大の謎です。

　今では，多少教えてくれる教師もいるようですが，水泳の時間に泳ぎ方を教えないとか，図工や美術の時間に写生

をするのに絵の描き方を教えないとか，音楽の時間に歌を歌うのに歌い方を教えないなど，やり方を教えない数を挙げたらきりがありません。それでも授業として学校教育が成立していたのですから驚きです。また授業を受ける子どもたちも（私含め）これまでこういった謎に疑問すら持たずに授業を受けてきたことも驚きです。慣習とは怖いものです。やり方を知らずして「ただやれ」というのは通常で考えればありえない話です。

　勉強の世界でいえば，英単語の覚え方，漢字の覚え方，問題集の使い方，中間・期末テストの勉強法手順，文章の読み方（読解の仕方），テスト中の解答の進め方，各科目の学び方など，高得点をとる子どもはほぼ同じやり方をしています。上位５％のゾーンにいる子どもたちがやっている方法は，その他のゾーンには伝わりません。情報というのはゾーンの枠内でしか流通しないのです。したがって，他のゾーンの人には知られないまま日々は進んでいき，格差が生まれます。

　私はこれまでトップ水準の子どもたちをたくさん指導してきた中で，彼らがやっている方法にあるパターンがあることを知ったのです。それをまとめた本が『中学生の勉強法』（新興出版社啓林館，2019年）という本です。ここには，上位５％の子どもたちがやっている勉強方法を全て公開しました。また，私が直接「中学生の勉強法」を講座として２時間だけ教えるということを全国各地で行っていま

す。なぜたった2時間で点数が上がり，成績が上がるのか
ということです。現在，全国の中学生や高校生が伝えた方
法を実践し，高い点数をいきなりとったという報告を各地
からたくさん頂き，随時ブログで公開しています。という
ことは，この子どもたちは，これらの方法に出会わなけれ
ば，相変わらず勉強ができない自分から脱却できずに悶々
として生活をしていたということでもあるのです。方法が
わかれば，あとはやるか，やらないかは本人の問題です。
しかし，方法を知らずして，やることだけを強要するとい
うのは，どう考えてもおかしいとしか思えません。

　一方で，学校は，あくまでもコンテンツ（授業内容）を
教えればそれで良いのだという考え方もあります。学習指
導要領に書いてあること以外はやらないという考え方です。
学習内容をどう効率的に理解し，記憶し，テストで点数を
とれるかどうかは子どもに委ねられるというあり方です。
これでも仕事上の規約は満たされるかもしれませんが，問
題は，教師自身がそのようなあり方で楽しいかどうかとい
うことです。淡々とコンテンツだけを指導してお終いとい
うあり方は，おそらく教師にとっても充実感はないのでは
ないかと推察します。21世紀のキーワードでも書きました
が，「楽しい」「面白い」「ワクワク」という要素はどの分
野においても重要なキーワードなのです。
　このキーワードなき活動は，気合い，根性，努力という
昭和型の極めて古いあり方になってしまいます（昭和型が

悪いのではなく，時代に合わず古いという意味）子どもたちは21世紀に生きており，教師も21世紀に生きています。仕事も生活も人生も過去どのようなあり方で成功したかは関係ない時代になりました。これからをどう楽しむのかです。教師一人ひとりにも人生があります。どうせ同じ「時」を生きていくのであれば，楽しい生き方をした方が得ではないかと思うのです。そのためには，どのような授業を行えば良いか，子どもたちが生き生きと学びに向かうにはどうすれば良いかを考えることでしょう。私は，その方法の1つとして，「子どもたちに点数をとるハウツーを教えること」があると思っています。その理由について少々，お話しします。

　先ほどもお話ししたように，私は現在，全国各地でたった2時間だけの「中学生の勉強法」講座を中学生（一部高校生）に行っています。そこではどのような進め方をしているかについて，そのノウハウを公開したいと思います。一部でも参考にして頂ければ幸いです。

　「中学生の勉強法」は参加者数を限定しています。通常は20名ですが，最大受け入れ可能数は25名としています。なぜなら，子どもたち全員と話をするという時間を入れているからです。ただ単に，中学生の勉強法を伝えるだけで良いのであれば，動画でも良いわけです。しかし，現在のところ動画解禁はしていません。非常に需要が高いのです

が，解禁はしていません。なぜなら，動画では経験できないライブの「あること」があるためです。その「あること」とは，子どもとの「信頼関係の構築」です。

　このような中学生の勉強法講座にくる子どもたちは，子どもたち自らが調べて講座に申し込むということは絶対にあり得ません。100％，親が申し込んできています。となると，子どもたちは「できればいきたくないのに，連れてこられた」状態だということです。つまり，講座は全員，やる気なしの状態からスタートしているのです。保護者向けの講演会であれば，わざわざ時間をとって，しかも参加費を払ってくるのですから，前向きに講演会を聞く人たちばかりです。そのためはじめに信頼関係を参加者との間にわざわざ作る必要はないのですが，子どもたちの場合は真逆なのです。

　そこで，重要なことは，「信頼関係の構築」なのですが，信頼関係の構築はどのようにして作るかといいますと，それは個別対話から作られます。1対1の会話です。

　会場にきた子どもたちに順に，私が，何気ない会話を仕掛けていきます。そのとき，重要なことは「勉強に関する話をしない」ということです。信頼関係を構築するときの重要点は，「親子であれば勉強の話以外，上司部下では仕事の話以外」で作られるということです。先生と生徒の関係も勉強以外の話で作られます。なぜかというと，親と子，上司と部下，先生と生徒は上下関係があるからです。

　上下関係においては，上の立場からの勉強の話，仕事の話は〝業務命令〟になるのです。ですから，いくらこのトピックについて話をしてもコミュニケーションはできますが，信頼関係の構築にはつながりません。

　そこで重要になるトピックが「雑談」なのです。子どもたちとは「部活のことや，どこに住んでいるかとか，その住んでいるエリアに関する雑談」などをします。この段階で子どもたちは，私に対する先生というイメージがなくなり，話が気軽にできる人というイメージを持つようになります。初対面ですから，なおさら第一印象が重要になるのです。

次に講座が始まります。講座になると子どもたちは勉強法の話が始まるという期待を持っているので，勉強の話をしても問題はありません。すでに個別で講座前に雑談をしているため，私からの問いには積極的に応えるようになります。

　講座が始まって最初にする話は私の子ども時代の失敗談です。子どもたちはこういう講座をやる先生だからすごい人だと思っています。すごい人から聞く話は大切だと思う効果がある一方，自分にはできないという他人事になってしまうデメリットもあるわけです。

　そこで，私は，自分の小学校時代，中学校時代，高校時代，その後，塾を20歳で作るに至った流れを話します。かなりボコボコの人生なので，子どもたちは真剣に食いついて聞いたり，笑ったりしています。この話が20分ぐらいかかります。そのあとに，子どもたち一人ひとりに自己紹介をしてもらいます。ただし，自己紹介といわれると緊張するので，「名前と学年を教えて」と聞きます。それであれば容易に答えられます。

　そして次に私が「勉強で困っていること何かある？」と聞きます。すると，全員がしっかり答えます。この中学生の勉強法講座に嫌々連れてこられた子どもたちの中には，不登校の子や，親と口をきかない子もきています。大人に対する不信感を持っている子もいます。しかし，そういう子どもたちもしっかりと勉強で困っていることを答えます。この段階ですでに，後ろにオブザーバーとして座っている

保護者は驚きます。うちの子はしっかり喋っていると。

　これまで3,500人以上の子どもたちを直接指導し，現在では中学生の勉強法講座では毎年数百人の中学生と話をしていますが，ほぼ例外なく，子どもたちは自分の気持ちや意見を持っています。それを引き出せない大人がいるだけで，子どもたちはしっかりと感じているし，考えてもいるのです。中学生の勉強法に参加する子どもたちは，初対面であり，さらに一生で一度しか会わないかもしれない子どもたちです。そのような1回限りの機会でも，子どもたちはしっかりと話をするのです。これを一人ひとり行なっていき，私はその疑問に一つひとつ答えていきます。ですから，最大25名しかできないのです。それ以上の人数ですと一巡するのに相当な時間がかかってしまうからです。これが動画ではできない部分であり，もっとも重要な時間なのです。ここまで120分の講座のうち，70分が経過しています。しかし，この場があることで，子どもたちと私の信頼関係は最大値となり，ここからいよいよ，勉強法の話がスタートするのです。

　たった2時間の，中学生の勉強法の講座で，彼らの点数が上がるようにしていく手順というのを，このように巧妙に作っています。人間には心があるため，その心を上向きにしてからコンテンツを"インストール"していくのです。そうでなければ，勉強法を聞いたけれども，一つも実行しないという現象が起こります。行動しなければ何も変わら

ないため，初めの一歩をどう行動させるかが最大の鍵になります。

　勉強法を教えるというテーマでここまで書いてきましたが，最後の項目ということもあり，私が行っているアプローチが少しでもお役に立てればと思い，講座の裏側の設計についてお話しさせてもらいました。

　話を元に戻しますと，テストを行う以上，コンテンツのみを教えるのではなく，そのコンテンツをどう得点に結びつけていくのかということを教えてあげる必要があるのではないかということをお伝えしたかったのです。子どもたち，少なくともこれまで私が出会った中高生は全員，点数がとれる方法があるなら聞きたいといっていました。ということは，方法がわかれば勉強する可能性もあるということなのです。この事実を知らないと，親や先生は，「あの子はやる気がない」という点だけを見てしまい，「なぜやる気を失っているのか」という背景を無視することになり，本来の教育とはかけ離れた状態になりかねません。

　「何を教えるか」と「どのように学ぶのか」があるとしたら，後者の方が人生において応用の利くあり方になるのではないかと思っています。

「わかる人？」といって手を挙げさせる謎

　小学校でよく見られる光景です。この光景は，学校の授業の典型的な様子として微笑ましく見られることが一般的です。先生も元気がいい子どもたちの反応に授業を展開しやすいことでしょう。しかし，ここで少し考えてみたいと思います。「わかる人？」と問い，手を挙げる人に答えさせることにはメリットとデメリットがあるということです。

メリット

・わかる子どもに答えさせることで，その子の主体性が発揮できる場を与えることができ，さらにその子の自己肯定感を上げることができる。

・全体に質問を投げかけることで，一瞬でも皆がその問いに集中する。

デメリット

・手を積極的に挙げることができない子どもたちのテンションが下がる。

・手を挙げる子どもはいつも同じ場合が多いため，その子ども中心の授業展開がされる可能性がある。

・手を挙げる子どもはもともとわかっている子どもであり，その他多数の子どもが仮にわかっていない場合でも，授業が先に進行する可能性がある。

　以上のように，考えられるだけでもこれだけのメリットとデメリットがあります。私は直接，子どもたちにこのことについて聞いたことがあります。すると次のように答える子どもがたくさんいました。

　『わかる人？』といわれても手が挙げられず，いつも同じ子が喋っているので，自分は単なる傍観者になっている。

　また，手が挙げられない自分にダメ出しする子もいました。「手を挙げられない自分ってダメ」と。こうしてそのような子の自己肯定感が下がっていくのですが，教師は別に悪気があってこのようなことをやっているわけではありません。昔からよくある授業風景の一つを実践しているに過ぎないのです。ですから，教師を責めることはできません。しかし，実態として，「本当に意味があるのか？」という視点を入れてみることも必要ではないかと思うのです。
　例えば，プロの教師たちは次のようなやり方をしていると聞きます。

> 「じゃ，これについてどうだと思う？　隣の子と話を
> してみて」

　これはいわゆるアクティブ・ラーニングの形態の一種で
す。
　または，科目によって異なりますが，例えば，算数・数
学であれば，一つのやり方を説明したら，あとは演習をさ
せることで，机間巡視し，手が止まっている子にヒントを
与えながら進めるという演習中心型で行います。全体に説
明するときも，「わかる人？」と聞いて授業展開する方法
は時間の浪費と考えているのです。それよりも演習をしな
がら，机間巡視を行い，個別で教えていくという方が効率
的であるという考えに基づきます。もちろん，授業時間が
あり余っていれば，「わかる人？」という形で進めること
も悪くはないでしょう。しかし，学校のカリキュラムの量
をみるとそれほど余裕があるようには思えません。

「当てて答えさせる」という謎

　前述の「わかる人？」と問うこと以外に，授業でよく見かける風景の一つに，「当てて答えさせる」というものがあります。この当てて（問われて）答えさえるという方法は，先ほどの「わかる人？」という質問よりは，多くのメリットがあると考えられます。

メリット

・緊張感がない子どもに緊張感を与えることができる（良い意味での緊張感）。
・当てられると思うと真剣に考える可能性がある。
・当てられた子どもが何を答えるのか，皆が耳を傾ける可能性があり，それが知識の習得につながる場合がある。
・間違えることで「恥」をかき，知識としてインプットされる。

　では，デメリットはどのようなことが考えられるでしょうか。

デメリット

・当てられることに対する恐怖感，悪い意味の緊張感を助長する。

・わからない場合に自己肯定感が下がる可能性があり，トラウマ化する場合もある。

　これまでは，「聞くは一時の恥，聞かぬは一生の恥」という故事もあるように，一時の恥が推奨されてきました。これは確かに間違っていないと思います。しかし，これによって勉強嫌いになったり，教師嫌いになったり，科目嫌いになっていく可能性も否定できません。

　当てられるということは多くの人にとっては，できれば避けたいものです。私は教師対象の講演会を全国各地でたくさん行いますが，そのときのエピソードを一つ挙げておきます。

　通常，講演会ですから，一方通行の講義型です。通常は講演時間内で質疑応答の時間が取れないほど，たくさんの内容をお伝えするのですが，稀に質疑応答の時間が取れる場合があります。そのようなとき，「何か質問はありますか？」という問いをします。しかし，数百人の前で手を挙げて質問することは余程の勇気がないとなかなかできるものではありません。そこで，私はマイクを持って，会場に降りていき，当てていくのです。すると，教師たちはどのような反応をすると思いますか？

　皆さん，私と目を合わせないように顔を横に向けていくのです。そのようなときに半分冗談で，「皆さんが感じている今の状態を，授業中，子どもたちも感じているんでしょうね〜」といいます。会場からは笑いが起こるのですが，

このことが象徴するように，人は当てられて皆の前で発表することを避ける傾向にあるのです。同質化が良しとされてきた日本の場合は特にそうです。本来は，自分の意見や質問ができるようになることが良いのでしょうが，その段階に移行するには，アクティブ・ラーニングが普通となり，発言することが当たり前になる5年先，10年先かと思われます。そのため，現時点においては，当てることをしないというよりは，当てて答えさせるときに，次のようなことに留意しながら当てていくということをしてみてはいかがでしょうか。

> 「間違っても良いよ。というより，間違った方が先生は説明しやすいから，ありがたいけどね」

　この一言で，間違いOKという観念が植えつけられるため，子どもは安心して答えるようになります。もし，「わからない」と答えてきた場合，「どのへんがわからない？」と聞いて，「あ，そこね。その部分はこういう意味なんだけど，どう？　これでわかるかな？」といってあげたり，どうしてもわからないときは，ヒントをいったり，それでもわからないときは，「OK，OK。じゃ，説明するね」といって教えてあげれば良いでしょう。このように安心して発言できる雰囲気を作っていくことで，子どもたちはやがて積極的に発言できるようになっていきます。

7

単なるおしゃべりばかりの
アクティブ・ラーニングをやる謎

　2020年から学び方が変わり，通常の講義形式の授業展開だけではなく，アクティブ・ラーニング形態の授業（主体的・対話的で深い学び）も展開されていきますが，実は，このアクティブ・ラーニングに多くの教師は，戸惑っているようです。単に授業形態が変わるというだけではなく，学びの目的（知識の習得から深い学びへ）が変わっていくのですから，無理もありません。私は，現在，アクティブ・ラーニングの展開方法の研修を教育委員会から依頼され，直接先生方に指導するということも行っていますが，実はこの形態は，企業研修では随分と前から当たり前に行われている方法なのです。現在，企業研修を年間50回ほど行っておりますが，企業研修ではほぼ全てこの形態といって良いでしょう。しかし，受講者は，なぜグループで話し合いを行うのかという目的がわからないまま，ただトピックについて話をしているのが現状です。そのような状態で行うと，アクティブ・ラーニングの成果は減衰します。そこで，企業研修でビジネスマンにもお伝えしていることをここでお話ししておきます。それは，何のためにアクティブ・ラーニング形態の授業を行うのかということです。

アクティブ・ラーニングを行う最大の目的

「多様な価値観を学ぶこと」

　つまり，自分とは異なる人の考え方を知ることが最大の目的です。そのため，グループ内でたまたま同じ意見であれば問題ないのですが，あえて他者に同調することや，依存することは良いこととされません。それでは何も学べないからです。簡単にいえば「違っているから良い」ということなのです。

　よく起こるアクティブ・ラーニングのエラーとして，「声の大きい人を中心に話が進む」「リーダー的存在の意見に周囲が同調する」ということがあります。企業の会議でよくみられる光景です。これはアクティブ・ラーニングとはいいません。そこで，このようなことが起こらないようにするためには次の人物がその場に必要になります。

「ファシリテーター」

　ファシリテーターとは会議，ミーティング等の場で，発言や参加を促したり，話の流れを整理したりする人のことをいいます。このファシリテーターは近年，ビジネスマンに求められる最も必要な一つのスキルといわれています。

　すでにいくつかの学校で先行して始まっているアクティブ・ラーニングでは，教師の指示に従ってグループで一つの答えを出していくことやペアワーク（隣の子とペアでや

り取りすること）も行われています。上手に運営されているクラスもありますし，そうではない場合もあります。ペアワークは別として，グループで行うアクティブ・ラーニングの場合は，そのグループに「ファシリテーター」がいないと基本的には成立しないのです。

しかし，子どもはファシリテーションのやり方を知りません。ということは「ただのおしゃべりの場」と化す可能性があるのです。5年，10年と経てば，ファシリテーションができる子も自然発生的に出てくるでしょうが，できれば初めから，ただの班長でもなく，ただの司会でもない，ファシリテーターの役割について教えてあげると，アクティブ・ラーニングが成果として出やすくなることでしょう。

第5章まとめ　学校"常識"の謎　PART2

💡 子どもが興味を示さないつまらない授業をまだやる

自分の授業を客観的に見ることが実際の改善につながる。

💡 テストを返却してから解説する

返却前に解説すれば，答えが気になって話を聞く。

💡 効果がない反省文を書かせる

転機と考え，原因と対策を一緒に考える。

💡 定期テストの試験範囲を出しても勉強の仕方を教えない

コンテンツのみ教えるのではなく，どう得点に結びつける
かを教える。

💡 「わかる人？」といって手を挙げさせる

💡 当てて答えさせる

どちらもメリットとデメリットを把握して取り組む。

💡 おしゃべりばかりのアクティブ・ラーニングをやる

ファシリテーターが重要。

　本書はこれでおわりになりますが，いかがでしたか。

　現代の学校教育と一口にいっても様々な形態があります。すでに，21世紀型の教育を推進している学校や教師もいるでしょうし，まだ20世紀型の形態で進めている学校や教員もいることでしょう。

　本書でも繰り返し述べましたが，20世紀型が悪いわけでは全くありません。単に，古いというだけの話です。ですから，古い形のやり方でも成果を出すことはもちろん可能でしょう。

　しかし，一方で時代の流れは変えることができません。この10年で世界中の誰もが一人一台スマートフォンを持っているという状況を認識するだけでも，時代が大きく変容していることがわかります。テクノロジーの進展は目覚ましく，通信回線も5G（第5世代）になると4Gの100倍の速度となるため，動画主流の時代になることも自明ですし，教育の学び方，学力測定の仕方も変わることは時間の問題です。しかし，このような変化は，手段の変化であり，学びの本質そのものは時代が変わっても変わるものではないでしょう。

　その時代が変わっても通用する力を本書では，OSになぞらえてご説明しました。抽象度の高い人を作っていくことは，教育が目指す目標の一つではないかと考えているか

らです。言い換えれば，ものの見方を変えるということですが，これができてしまえば，学ぶ側も教える側も教育はずっと楽になるでしょうし，楽しみに振り替えていくことも可能でしょう。それを「言葉の力」で変えていくということを本書では提案しました。言葉は，誰もが日々使っている"ツール"であり，誰もが簡単に実践できる手段であるため，一つの章にまとめご説明しました。

> ## 「何を問うか？」

ここにフォーカスして言葉を使ってみると，思わぬ展開が生まれてきます。

教師も一人の人間です。人生もあれば，家庭を持っている方もいることでしょう。そのような教師が日々，ワクワク感を持って生きることができたら，単にその教師の人生だけではなく，ご家庭も，そして指導している子どもたちにも，連鎖が起こるのではないかと考えています。これをペイフォワードといいます。自分が与えられたことを与えてくれた人に返すのではなく，第三者に返していくというものです。これができれば世の中が良くなるだけでなく，未来も変わっていくことでしょう。

一方で気持ちの問題だけではなく，実際，教育指導する上でのオペレーション上の問題もないわけではありません。それについては，「学校教育の謎」として2章分記載しま

した。この章を複雑な思いを持ってお読み頂いた方もいらっしゃったかもしれません。しかし，謎は避けて通れないと判断し，あえて記述しました。もちろん，すでにそうではないことを実践されている方には何処吹く風であり，スルーして頂いて良いテーマです。

　現代のような大きく価値観が転換する時代は，「おかしいものはおかしい」「このようにするべきだと思うことはそうすべき」といえる時代でもあるのです。みんながやっているから，昔からやっているからという理由だけで行うことが正しいとは限りません。何か「違和感」を持つということは，どこかおかしいのです。

　現在の学校教育制度では制約もありますが変えることができることもたくさんあると，現役の教師から聞きます。昨今，注目されている宿題廃止や定期テスト廃止などは，これまで不可能と思われていたことが，実はできるという好例でしょう。もちろん，ただ廃止すれば良い，変えれば良いというものではありません。あくまでも本質を捉え，何が真の目的であったのかということを理解した上で変えていかなければなりません。

　そのようなことをお伝えしたく，本書を書き上げました。

　そして最後に大切なお話を提案しておわりにしたいと思います。それは「コミュニティ」を活用するというお話です。

コミュニティは21世紀のキーワードです。近年ほど，コミュニティの重要性が叫ばれた時代はないのではないでしょうか。コミュニティとは簡単にいえば，同じ趣味や同じ考えの人たちが集まる場といっても良いでしょう。教師は特に，孤立しがちな世界であると聞いています。またストレスも溜まりやすい職であるとも聞いています。そのような人たちが日々の活力を得る場として，私はコミュニティへの参加を推奨しています。

　コニュニティについて参考になるお話を一つします。

　子どもと関わる人で，孤立しがちな立場にある人がいます。それは母親です。母親にはママ友という友達がいますが，聞くところによると本音で話ができることは少なく，また比較をして辛くなることもあるようです。実態としては，それほど信頼をおいて話ができる人が身近にいないと聞いています。

　そこで，私は「Mama Café」というコミュニティを全国に作りました。Mama Café は，実際のカフェで，子育て，教育のライトな話をします。参加者は一期一会であるため，毎回参加メンバーは異なります。勉強会というより井戸端会議に近い形で，１人のファシリテーターがいることで場が安定します。

　現在では，全国200人以上の認定ファシリテーターも活動しママコミュニティを作っています。現役の教師の方も

います。

　このような場ではなぜか本音で話ができ，母親の気持ちやテンションが上がることで，子どもに対する見方が変わるようになります。母親の心が満たされていないと，子どもの欠点を見るようになります。そして親がその子どもの欠点や短所をいじることで悪化していきます。しかし，母親の心が満たされテンションが上がると，今度は子どもの良い点が見えるようになります。それを言語化することで子どもは伸びていくのです。

　非常に単純な原理なのです。本書でも述べましたが，人間は自分の心と同じものを探します。これを「鏡の法則」といいます。Mama Café の参加者が，その後，子どもにかける言葉の種類が変わることで，子どもの行動パターンが変化したという報告は枚挙に暇がありません。そのようなライトな場が実はこれまで世の中になかったということで，Mama Café がテレビ，新聞などのマスメディアからも注目を受けている理由はここにあります。

　実は，この Mama Café の前に構想していたのが，Teachers Café でした。母親と教師が教育の世界ではもっとも大変であり，子どもをサポートする立場であるにもかかわらず，自分たちがサポートされる場がないと思い，まずは教師対象のカフェを始めたのですが，誰も来ませんでした。その後，２回だけ，知り合いを集め"無理やり"行いました。とても充実した会で参加者は皆さん喜んでく

れたのですが，教師を集めることは非常に難しいと判断し
やめました。そしてその後，ママさん対象のカフェスタイ
ル勉強会「Mama Café」を始めたところ，こちらが一気
に全国規模に拡大していったのです。

　本来は Teachers Café のような一期一会のカフェス
タイルで，ライトな勉強会があれば，特に若手の教師たち
のストレスも減少し，また学校教師という仕事に誇りを感
じてもらえるのではないかと思っていました。世の中には，
すでに教師たちが集まる勉強会が全国各地にあると思いま
す。しかし，その多くはしっかりとした「勉強」が多いと
聞いています。そのような教育方法や教育コンテンツを学
ぶ会も良いでしょうが，今求められている形態は，もっと
ライトであり，できれば会議室ではなく，カフェのような
場所で行う形ではないかと思っています。ある意味，非日
常的空間において実施することで，効果が上がっていくの
です。そのようなコミュニティが広がれば，Mama Café
同様に圧倒的な効果を出すと予想しています。

　全国にいる小中高の教師の数は約100万人で，母親の数
に比べれば $\frac{1}{10}$ にも満たない圧倒的に少ない数ですが，子
どもの育成を担う崇高な仕事をしている教師たちが日々輝
く世界ができたら，より良い未来が作られるだろうと思っ
ています。なぜなら，「教師が変わる→子どもの長所が見
える→それを言語化する→子どもの自己肯定感が上がる→

そのような子どもが未来を作るため未来が変わる」という
ロジックができるからです。

　しかし，非常に忙しい教師たちがコミュニティに参加す
ること自体，そもそも無理があると思います。中学，高等
学校の教師の場合，運動部の部活の顧問でもやれば，それ
こそ全く自分の時間は取れないでしょう。

　ところが，21世紀に入り，テクノロジーが進展しました。
今や無料で複数の人たちがネット上で直接顔を見て話すこ
とが可能な時代になりました。このテクノロジーを使えば，
全国どこに住んでいるかはもはや関係がなくなります。離
島であろうと海外の日本人学校の教師であろうと参加は可
能です。

　このような場は何を目的に作るかといえば，最大の目的
は「教師に希望が生まれること」です。つまり，お互いの
情報が共有されることで，これまでよりも指導が楽になる
ことや，早く学校に行って子どもに伝えたいと思えるよう
になることなのです。これからの時代は，コミュニティを
活用して自分軸を作っていく人と，孤立していく人に分か
れていくといわれています。できれば，教師も自分が所属
している学校だけでなく，さらに広い世界における学校や
他業種の人とまじわれるようなコミュニティに所属するこ
とをお勧めします。これまでと違ったものの見方ができ，
それが，子どもたちへの指導に活かされていくことは間違
いないでしょう。

「どのようにすればそのようなコミュニティを探すことができるのでしょうか？」と思われるかもしれません。それは，まず「探す」ということを実際に行うことから始めます。たいていの人は話を聞いても行動を起こしません。話を聞いて行動を起こす割合は全体の15％であり，さらに継続する人がその15％のうちの15％，つまり全体の2.25％が実行し継続する人といわれています。世の中に成功者は２％しかいないといわれる背景はここにあります。まず行動する人が15％しかいないのですが，逆に考えれば，15％はいるということですので，まずは行動できる人から，教師の世界をさらに良くできれば良いのではないかと思います。

　よく学校の教師は世界が狭いので，世間知らずであるとかいわれますが，それは人によりますし，学校という世界に限りません。一般の企業でも同様のことがいえます。いつもいる職場限定の付き合い，情報交換ばかりでは，慣れ親しんだ者同士で楽しいかもしれませんが進歩を望むことはほぼ難しいでしょう。教師でも企業人でも，どのような新しい行動をとるか，どのような情報収集をするかは個人に委ねられています。これが視野の広さを決めますが，あえて，自ら新しいコミュニティに飛んで，自分がこれまで持っていた視点とは異なる視点を手に入れてみることを私は心よりお勧めしたいです。もしそれが実現できたならば，自分の人生そのものがワクワクしたものに切り替わっ

ていくことに気づくことでしょう。

　今後，一度はやめた Teachers Café をネット上で行っていこうと思っています。そのネットワークを通じて，教師が尊敬される世界，自己肯定感が高まる教師の世界，そして結果としてより良い未来に変えていくことができる世界を現実に作り出すことができたら，どんなに素敵なことだろうと思っています。

　教育というお仕事をされている皆さんが，一人でも多く，日々楽しくて仕方がないという状態になれますよう，私も微力ながら様々な形で今後とも応援させて頂きたいと思っています。

　最後までご覧頂き，感謝致します。またどこかでお会いできます日を楽しみにしております。

2020年2月

大阪のカフェにて

石田勝紀

【著者紹介】

石田　勝紀（いしだ　かつのり）

一般社団法人　教育デザインラボ　代表理事。1968年，横浜市生まれ。20歳で起業し学習塾を開設。これまで3,500人以上の生徒を直接指導する傍ら，講演会，セミナーなどを通じて5万人以上の子どもたちを指導してきた。34歳で，私立中高の常務理事に就任し，教育改革を実践。現在は「日本から勉強嫌いな子をひとり残らずなくしたい」という理念のもと，カフェスタイル勉強会「Mama Café」を年間100回以上主催。『東洋経済オンライン』での人気教育連載コラムは，累計8,100万PVを記録している。主な著書に『子どもを叱り続ける人が知らない「5つの原則」』（ディスカヴァー・トゥエンティワン），『子どもの自己肯定感を高める10の魔法のことば』（集英社），『中学生の勉強法』（新興出版社啓林館）はじめ，多数の書籍を出版している。

イラスト：木村　美穂

子どもを伸ばす教師の戦略
学校の常識は世間の非常識？

2020年3月初版第1刷刊 ©著	者	石	田	勝	紀
	発行者	藤	原	光	政

発行所　明治図書出版株式会社

http://www.meijitosho.co.jp

（企画）及川　誠（校正）杉浦佐和子

〒114-0023　東京都北区滝野川7-46-1
振替00160-5-151318　電話03(5907)6703
ご注文窓口　電話03(5907)6668

＊検印省略　　　組版所　株式会社アイデスク

Printed in Japan　　　　ISBN978-4-18-369720-2

もれなくクーポンがもらえる！読者アンケートはこちらから
→